글 최현석

서울대학교 의과대학을 졸업하고, 같은 학교 대학원에서 석사와 박사 학위를 받았어요.
서울대학교병원에서 인턴 및 내과 전공의와 전임의를 마치고 성균관대학교 의과대학
내과 교수, 삼성제일병원 내과 과장, 서울현내과 원장 등을 두루 맡았습니다.
《교양으로 읽는 우리 몸 사전》,《인간의 모든 감각》,《인간의 모든 감정》,《인간의 모든 동기》,
《인간의 모든 성격》등 여러 책을 썼어요. 의학의 대중화에 기여한 공로로
제39회 동아의학상을 받았습니다.

그림 조승연

홍익대학교에서 미술을 전공하고 프랑스에서 일러스트레이션을 공부했어요. 어린이책에
그림을 그리고 있으며, 씩씩한 부인과 익살스러운 딸, 부산스러운 강아지와 살고 있습니다.
그린 책으로《앵무새 돌려주기 대작전》,《달리는 기계, 개화차, 자전거》,
《탄탄동 사거리 만복 전파사》,《방과 후 초능력 클럽》등이 있어요.

# 어린이를 위한
# 명랑한 세계 의학 여행

### 토토

이 책의 주인공. 주사와 병원을 겁내면서도 의사가 되어
아픈 사람들을 낫게 해 주고 싶다는 꿈을 남몰래 품고 있다.
적도의 성자 슈바이처 박사와 국경없는의사회의 활동을 마음속
깊이 존경한다. 궁금한 건 못 참고, 어디서든 쿨쿨 잘 자는
놀라운 적응력을 뽐내며, 쑥쑥 자라는 어린이답게
맛있는 음식 먹기에 푹 빠져 있다.

### 슈바이처의 고양이

슈바이처 유령과 늘 함께하는 고양이.
어려운 의학 용어를 아무렇지 않게 소화하는
놀라운 능력자이지만, 무척이나 말을 아낀다.
하루의 대부분을 잠으로 보낸다. 그래서
여행의 대부분도 잠으로 보낸다.

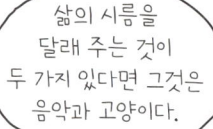

삶의 시름을
달래 주는 것이
두 가지 있다면 그것은
음악과 고양이다.

### 슈바이처 유령

보자기 같기도, 스카프 같기도 한 알쏭달쏭 변신 유령
여행 가이드. 자기가 무슨 소원이든 척척 이루어 주는
알라딘의 요술 램프는 아니니 유령에 대해 오해하지 말기를
당부한다. 들려줄 의학 이야기가 워낙 많아 뜻하지 않게
수다스러워졌다. 빡빡한 일정 탓에 늘 마음이 급하지만,
다정하고, 따뜻한 성격을 지녔다.

역사·인물·과학 모든 것이 담긴 의학 이야기

# 어린이를 위한
# 명랑한
# 세계 의학 여행

글 최현석 * 그림 조승연

차례

작가의 말  신비한 의학의 세계로 떠나요 ... 6
토토, 슈바이처 유령과 함께하는 명랑한 여행의 시작 ... 8

## 1 의학의 시작
### 우리는 누구나 건강하게 살기를 꿈꾼다

최초의 의학  질병이 신이 내린 벌이라고? ... 14
동양 의학의 시작 《황제내경》, 새로운 세계를 열다 ... 20
질병과 신을 떼어 놓다  가자, 히포크라테스의 코스섬으로 ... 24
서양 의학의 기초  도서관에서 만난 갈레노스 ... 30
병원의 시작  수도원이 병원이라고? ... 36
세상을 뒤흔든 질병① 페스트 ... 40

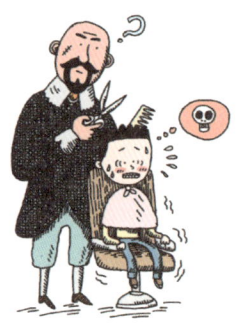

## 2 의학의 발전
### 우리 몸에 대한 탐구

인체에 대한 관심  베살리우스의 신념 ... 44
우리 몸의 기능  하비의 질문 ... 54
질병에는 장소가 있다  모르가니의 의문 ... 59
세균과 질병  파스퇴르의 발견 ... 64
세상을 뒤흔든 질병② 콜레라 ... 72

# 3

**기술과 의학**

## 기술의 발달과 의학의 눈부신 발전

엑스선과 진단  뼈도 뚫는 놀라운 빛 ... 76

페니실린의 발견  푸른곰팡이가 일으킨 기적 ... 84

수술의 시작  마취와 소독이 중요해 ... 94

세상을 뒤흔든 질병③ 결핵 ... 104

# 4

**의학과 마음**

## 몸과 마음의 건강, 그리고 남은 과제들

정신 의학의 발전  마음이 아프다면? ... 108

세상을 뒤흔든 질병④ 암 ... 118

# 5

**우리 의학 이야기**

## 질병은 나타나고, 의학은 나아간다

함께 이루는 꿈  토토의 여행은 계속된다 ... 122

세상을 뒤흔든 질병⑤ 인플루엔자 ... 136

세상을 뒤흔든 질병⑥ 코로나19 ... 138

가볍게 살피는 의학 역사 연표 ... 140

자료 도움 ... 142

**작가의 말**
# 신비한 의학의 세계로 떠나요

　우리는 누구나 이 세상에 태어나 성장하고 나이 들어 죽음을 맞이합니다. '생로병사(生老病死)'라고 하지요. 인류의 역사가 시작되었을 때부터 지금 현재에 이르기까지 제아무리 과학이 발전하고 세상이 달라졌어도 이 과정만큼은 변함없이 예정된 인간 삶의 자연스러운 한 과정입니다.
　그때와 달라진 것이 있다면 먼 옛날에는 상상할 수 없을 만큼 길어진 평균 수명 이야기도 빠질 수 없겠네요. 그러나 선사 시대에서 현대에 이르기까지 우리가 쌓아 온 의학의 역사를 굵직하게 살펴보려면 이 변화에 주목해야 합니다. 바로 우리가 사람의 아픈 몸을 어떤 시선으로 달리 보아 왔는지 하는 문제지요.
　먼 옛날에는 몸이 아프면 경건한 마음으로 기도를 올렸습니다. '신이시여! 제가 저지른 죄를 부디 용서해 주시옵소서.'라고 말이지요. 옛날에는 자신이 지은 죄 때문에 병을 얻은 것으로 믿었기에, 신의 용서를 통해서 건강해질 수 있다고 생각했습니다. 하지만 지금의 우리들은 몸에 이상을 느끼면 자연스레 병원을 찾지요. 의사의 처방에 따라 몸 상태에 맞는 약을 먹고, 주사를 맞거나 수술을 받기도 해요.
　오늘날의 우리들은 우리의 몸과 마음을 스스로 조절하고 통제할 수 있다고 믿지요. 엄밀히 말하자면 의료 전문가인 의사가 우리의 건강 상태를 파악하고 있다는 믿음이겠지요. 인체의 구조와 작동 원리를 알면, 건강을 지키는 데 큰 도움이 될 거예요. 반드시 그렇다고 할 수는 없어도, 그럴 가능성이 더 커지는 것만큼은

분명하지요.

  이 책은 그동안 우리가 어떤 시행착오를 통해 인간의 몸을 이해하고, 의학 지식을 쌓아 나갔는지, 의학이 초기에 어떻게 시작되어 지금의 수준에 다다를 수 있었는지, 단순히 사람들의 건강을 위협하는 데 그치지 않고 우리 삶을 바꾸고 인류 문명의 변화와 발전에 크나큰 영향을 끼친 질병들을 어떻게 이해하고, 마주하고, 극복해 나갔는지 하는 중요한 흐름과 질문들을 담고 있습니다.

  지금까지 우리가 쌓아올린 의학의 역사를 살펴보면 인류를 공포에 빠뜨린 질병은 셀 수 없이 많았습니다. 앞으로도 우리는 코로나19와 같은 새로운 질병을 만나고, 치열하게 부딪치며 나아갈 거예요. 토토와 슈바이처, 슈바이처의 고양이가 함께하는 세계 의학 여행을 통해 인류가 이루어 온 기적 같은 의학의 역사를 살피고, 멀고 깊고 심오한 의학의 세계에 한걸음 더 가까이 다가갈 수 있기를 바랍니다. 자, 모두 준비되었나요? 우리 함께 세계 의학 여행을 떠나 볼까요!

최현석

토토, 슈바이처 유령과 함께하는
# 명랑한 여행의 시작

"에취~ 에취~"

토토의 코끝이 루돌프의 코끝처럼 빨개. 콧물이 줄줄 흘러 주변은 점점 휴지가 쌓여 가고 있어. 저런! 엄마 손에 이끌려 간 소아과는 온통 울음바다야. 주사 맞기 싫다고 우는 꼬마들을 보면서 토토도 더럭 겁이 났지. 이래 봬도 난 어엿한 초등학생이라고! 그래도 좀처럼 용감해지지 않아. 주사는 맞아도 맞아도 익숙해지지 않아. 늘 겁이 나고 아파. 아프지 말라고 맞는 주사인데, 왜 아픈 걸까. 으으으~

엄마가 잠깐 자리를 비운 사이, 토토는 병원 의자에 앉아 차례를 기다리고 있었어. 환자가 많아 오래 기다리는 것도 별로지만, 그렇다고 따끔한 주사를 놓아 줄 의사 선생님이랑 간호사 선생님을 서둘러 만나고 싶지는 않았지. 그래서 느긋하게 기다리고 있었어. 병원 유리문을 통해 햇살이 환하게 들어오고 있어. 내리쬐는 빛이 따사로워서였을까. 잠이 솔솔 오네.

"꼬마야, 여기 자리 비었니?"

'저는 꼬마가 아닌데요! 여기 엄마 자리 맡아 둔 건데…….'

어쩐지 야무지게 설명해 줘야 할 것 같아 고개를 들어 보니, 이럴 수가! 슈바이처 박사님을 닮은 것 같은 수상한 물체가 토토 주변을 윙윙 날아다녀. 맙소사! 감기약을 먹기도 전에 벌써 나른해진 걸까. 날아다니는 보자기 같은 걸 보고 있으니 빙글빙글 어지럽더니, 눈앞이 깜깜해졌어. 아, 어서 주사 맞아야겠다! 토토가 어디 많이 아픈 걸까?

간신히 눈을 뜬 토토는 다시 보자기와 마주하고 있었어.

"서, 설마, 아냐, 지금 당연히 내가 꿈을 꾸고 있는 거겠지?"

"안녕! 토토~ 일어났어? 겁먹지 마. 나는 청진기 유령 슈바이처야! 함께 여행 가려고 네가 깨어나길 기다렸어."

"잠깐만, 나를 어떻게 알아?"

"세계초등학교 토토, 맞지? 독서록에도, 닮고 싶은 인물을 이야기할 때에도 늘 나를 소개했잖아. 나를 그토록 존경한다니 얼마나 기쁘던지! 에헴. 이 의리파 유령 슈바이처가 나의 팬을 모르는 척할 수 없지."

"저, 저기, 보자기 유령! 무슨 오해가 있나 본데, 내가 존경하는 분은 유령이 아니라 적도의 성자 슈바이처……."

"자자, 토토, 그래, 앞으로 나를 그렇게 '슈바이처!' 하고 다정하게 부르렴. 친구가 된 기념에 크리스마스 선물까지 덤으로 얹어 특별히 세계 여행을 시켜 줄게."

난생 처음 보는 보자기 유령은 성격이 엄청 급한 것 같았어. 하지만 토토도 '세계 여행'이라는 말에 귀가 솔깃했지.

"가족들한테 허락받아야 하지 않을까?"

하지만 슈바이처는 막무가내였어.

"서둘러. 그럴 시간이 없어. 아주 잠깐 동안 떠나는 여행이니 너그럽게 이해해 주실 거야."

어어어~

슝~슝~

어질어질한 토토의 머리 위를 슈바이처가 윙윙거리며 세 번 돌았어. 그러더니 슈바이처가 토토의 목둘레에 스카프처럼 찰싹 감겼어. 앗! 목을 따뜻하게 하라는 엄마 말을 잘 들으라는 꿈인가? 예쁜 스카프를 보자기 유령으로 착각한 거였나? 토토가 슬그머니 주변을 살폈더니, 어느새 보자기가 아담한 청진기로 변신해 있어. 맙소사! 슈바이처 유령이야!

토토가 앉아 있던 병원 로비가 눈 깜짝할 사이에 다른 곳으로 변해 있었어.

펑!

# 우리는 누구나 건강하게 살기를 꿈꾼다

건강하다는 건 신체적, 정신적, 사회적으로 무탈하고 튼튼한 상태를 뜻해.
건강하게 오래도록 사는 것은 인류가 오래전부터 바라던 꿈이었지.
의학은 질병을 극복하기 위해 끊임없는 도전과 실패의 역사를 거쳐 왔어.
먼저 의학이 어떻게 시작되었는지부터 살펴보자.

최초의 의학
# 질병이 신이 내린 벌이라고?

엉겁결에 따라나선 여행에 긴장한 토토는 버릇대로 두 손을 눈에 갖다 댔어.

"토토, 안 돼. 눈 비비는 거 해로워."

"엄마가 늘 하던 말씀인데, 자꾸 까먹어. 그런데 슈바이처, 여긴 어디야? 우리가 정말 여행을 온 거야?"

"그렇다니까! 좀 믿어라."

토토는 주변을 빙 둘러보았어. 풍경이 낯설고, 주위가 조용했어.

"이 두루마리처럼 생긴 건 뭐야?"

"뭘까? 여기가 고대 이집트라면?"

"말도 안 돼. 나는 엄연한 21세기 대한민국 사람이라고."

"그 앞에 있는 두루마리, 뭐겠어?"

"모르는 글씨가 깨알같이 적혀 있는 여기 이 두루마리? 응? 이집트? 설마, 이게 파피루스일 리가?"

토토는 자기가 한 대답이 그저 놀라워서 서둘러 입을 가렸어. 하지만 슈바이처의 반응이 궁금해졌어. 그래서 잠자코 기다렸지.

"빙고! 지금 우리 눈앞에 있는 게 세계 최초의 의학 기록으로 볼 수 있는 에버스 파피루스야. 여긴 바로 테베의 무덤 앞!"

파피루스라니! 책에서나 만나는 파피루스를 직접 보다니! 이집트에 온 게 틀림없었어. 무덤이라는 말이 마음에 걸렸지만, 경주 왕릉 생각하면 사실 아무렇지도 않잖아? 게다가 토토는 이미 호기심이 두려움을 앞지른 상태였거든. 무서울 게 없다는 말이었어. 토토 앞에 놓인 파피루스는 폭은 30센티미터 자만큼의 길이였고, 높이는 자보다 10센티미터 정도 작았어. 장장 110페이지의 분량이야.

의학 정보가 체계적으로 정리된 세계 최초의 의학 기록물 에버스 파피루스

"여기 무슨 내용이 적혀 있는 거야?"

토토의 질문에 슈바이처는 랩을 하듯 말을 쏟아 냈어.

"이 파피루스에는 무려 3500년 전에 사람들을 괴롭혔던 질병에 대한 처방과 치료 공식들이 정리되어 있지. 그것도 무려 700여 개씩이나!"

"정말?"

파피루스 위에 적힌 글은 이집트의 신성문자였어. 물론 토토가 알아볼 수는 없었지만, 슈바이처의 확신에 찬 설명으로는 그랬어.

"슈바이처, 질문이 있어."

토토는 학교에서처럼 손을 번쩍 들었어. 그 모습에 슈바이처는 환하게 미소 지었지.

"뭐가 궁금해? 다 말해 봐."

"질병이 도대체 언제부터 있었어?"

"오호! 시작부터 아주 의미 있는 질문인데. 토토, 질병은 인류가 이 세상에 나타날 때부터 있었어."

"설마!"

"정확하게 말해서 인류가 이 세상에 나타나기 전부터 있었어. 인류 이전에 살았던 공룡 화석이 그 증거야. 공룡이 병을 앓은 흔적이 남아 있으니까 말이야."

"공룡도 병을 앓았다고?"

"그렇다니까. 사람도 그래. 병을 앓은 흔적이 있어. 고대 이집트 미라를 살펴보면, 폐렴이나 홍역, 한센병이나 말라리아, 결핵 등에 걸린 사실을 알 수 있어. 이집트 벽화에는 소아마비에 걸린 사람도 찾을 수 있고."

"수천 년 전 사람들이 지금 우리가 앓고 있는 것처럼 병을 앓았던 거야?"

"그래, 그런데 그것보다 더 재미있는 사실이 있지."

"재미있는 사실?"

"먼 옛날 사람들도 사람의 목숨을 위협하는 질병을 마찬가지로 두려워했어. 그래서 사람들은 질병이 왜 생기는지, 어떻게 병을 고칠 수 있는지

고민하기 시작했지."

"그렇게 의학이 발전했다는 이야기구나."

"그게 어디 말처럼 쉬웠겠니? 사람들은 질병을 신이 내린 벌이라고 생각했어. 그래서 기도나 마법을 써서 물리치려고 했지."

토토가 절레절레 고개를 흔들었어.

"도저히 상상이 안 돼."

"원시 시대를 지나 문명을 이룬 뒤에도 사람들의 생각이 크게 달라지지는 않았어."

"문명을 이룰 만큼 발전하고 나서도?"

"그래, 여전히 신의 노여움을 사서 아프다고 생각했지. 그래서 병에 걸리면 자연스레 신전을 찾았단다. 용서를 구하기 위해. 그리스 사람들은 의술의 신 아스클레피오스에게, 이집트 사람들은 태양신 라를 비롯한 이집트 신들에게, 유대인들은 여호와에게 빌었지. 용서를 빌고 노여움을 달래려고 제사를 올리는 것, 그게 그 시대 사람들이 생각한 치료법이었어."

"정말?"

토토는 꼬리에 꼬리를 문 질문이 떠올랐어. 하지만 슈바이처가 여행 시간이 빠듯하다며 토토의 손을 급히 잡아끄는 바람에 입을 다물었어. 토토의 마음을 알아차린 슈바이처가 말했어.

"토토, 의학의 신비를 모조리 파헤치고 싶지? 너무 서두르지 말고, 천천히 하나씩 풀어 보자. 우리 다음 장소로 가 볼까!"

의학의 신 아스클레피오스 석상의 모습. 지팡이를 감고 있는 뱀은 지혜의 상징이자 의학의 상징이다.

동양 의학의 시작
# 《황제내경》, 새로운 세계를 열다

"슈바이처, 여기는 또 어디야?"

토토의 말에 슈바이처가 장난스럽게 되물었어.

"어딘 거 같아?"

"음, 글쎄. 어딘가 대륙의 기운이 느껴지는 곳? 엄청 넓은 곳 같은데!"

"오, 감기 기운으로 맞춘 걸까? 기가 엄청 맑은데!"

"여기 이 책은 뭐야? 한자 같은데! 동양권인가?"

"오호, 한자 만화 신나게 읽어 대더니 제법이야. 이 책으로 말할 것 같으면 동양의 의학 경전, 그 유명한 《황제내경》이라고!"

"난 처음 들어 보는 제목인데, 그렇게 유명해?"

"동양에서 가장 오래된 의학 책이야. 동양의 고전! 중국 의학을 집대성한 책이지."

"집대성이 뭐야?"

"여러 자료를 모아 하나의 체계로 완성했다는 뜻이야."

"황제가 지은 책이라고?"

"토토가 생각하는 황제가 그냥 왕을 뜻한다면 그건 틀렸어."

토토는 화들짝 놀란 표정이었어.

"《황제내경》의 황제는 우리나라의 단군 같은 인물이랄까. 중국 전설 속 제왕인 황제가 기백과 뇌공, 백고 등 신하들과 의학에 대해 나눈 대화를 기록한 책이 바로 이《황제내경》이지. 생명과 질병을 주제로 삼은 대화라니, 어떤 이야기가 오갔을지 궁금하지 않아?"

"좀 궁금하기는 하다."

"이 책은 정확히 누가, 언제 썼는지 기록으로 남아 있지는 않아. 그저 2000여 년 전 한나라 때 탄생한 책으로 짐작할 뿐이지. 한 사람이 쓴 게 아니라, 오랜 세월에 걸쳐 여러 사람들이 내용을 고치고 덧붙여서 완성된 책으로 보고 있어."

"슈바이처, 그런데《황제내경》이 왜 중요한 거야? 가장 오래된 책이라서?"

"그렇다면 좀 시시하지 않을까? 당연히 담고 있는 내용 때문이지."

"어떤 내용을 담고 있길래?"

"좋은 질문이야, 토토. 동양 의학의 뿌리가 되는《황제내경》의 내용이 과학적으로 모두 옳다고 할 수는 없어. 하지만 몸의 질서가 깨져서 병이 생긴다고 보는 관점은 주목할 만한 부분이지. 그때까지 의존했던 주술을 떨치고 동양 의학의 세계를 열어젖혔다고 할까. 이 책은 병이 생기는 이유와 과정을 설명한 뒤 치료법과 예방법까지 다양하게 제시하고 있어. 그 당시 가질 수 있었던 나름의 합리적인 생각을 엿볼 수 있는 자료가 되기도 하고."

"음, 그래서 대단한 책이구나."

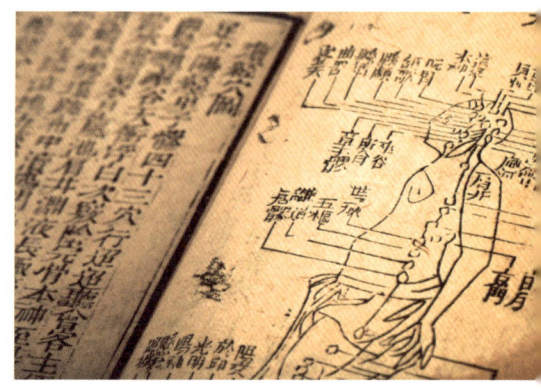

고대 중국 의술을 엿볼 수 있는 《황제내경》의 본문 일부

★ **음양오행**
'음양'은 어두움과 밝음을 의미하는 음과 양, '오행'은 나무, 불, 흙, 쇠, 물 등 다섯 가지 사물의 기본 원리를 뜻한다.

"그래, 《황제내경》은 동양 의학의 기본이 되어 왔어. 이 책에서는 생명을 우주의 음양이라는 두 개의 기가 더해져 생긴 것으로 설명하고 있어."

"기?"

"그래, '기가 살았네.' 할 때 그 기. 사람이나 우주가 활동하게 하는 기본 바탕을 말하지."

토토는 갑자기 식은땀이 났어.

"기와 음양오행★ 개념이 모두 《황제내경》의 기본이야. 동양에서는 사람의 몸을 작은 우주로 생각했어. 우리 몸도 우주처럼 조화를 이루고 있어야 건강할 수 있다고 믿었지. 이 조화가 깨지면 병이 생긴다고 생각했어. 그런데 이 개념이 동양 의학의 기본이야. 그리고 동양 철학의 기본이 돼. 또 다음에 만날 《동의보감》의 기본이 되지."

"음, 솔직히 조금도 쉽지 않지만, 아무튼 그래서 《황제내경》이 동양 의학의 뿌리라는 거구나?"

"그래! 사람의 몸이나 병을 동양 의학에서는 어떻게 이해하고 있는지 직접 확인해 볼 수 있는 자료가 바로 《황제내경》이야. 이 책으로 동양 의학의 바탕을 가늠해 볼 수 있지."

### 슈바이처의 고양이가 들려주는
## 기와 음양오행 이야기

기란 사람이나 우주가 활동하게 하는 근본적인 힘을 말해. 동양에서는 우주의 음양이라는 두 개의 기가 결합해서 생명이 생긴 것으로 믿었지. 오행은 우주 만물을 이루는 다섯 가지 원소를 뜻해. 옛사람들은 오행 사상에 따라 몸에서 중요한 다섯 부위를 골라 '오장'이라고 이름 붙였어. 오장은 심장, 폐장, 간장, 비장, 신장을 가리켜. 단어 표현 하나에서 동양 의학에 깃든 동양 사상을 자연스레 만날 수 있어.

질병과 신을 떼어 놓다
# 가자, 히포크라테스의 코스섬으로

파피루스와 《황제내경》을 만났던 이집트와 중국을 뒤로하고 토토는 마음이 두근거렸어. 이번에는 또 어떤 여행이 펼쳐질까 하는 기대감으로 가득했지. 슝슝~ 토토가 슈바이처와 함께 도착한 곳은 찬란한 햇빛과 한없이 파란 바다가 인상적인 곳이었어. 바로 그리스의 코스섬이었어.

"슈바이처, 우리 여기는 왜 온 거야?"

"서양 의학의 아버지를 만나러 왔단다!"

"그 아버지가 그리스 사람이야? 소크라테스 할아버지가 그리스 사람이라는 건 나도 아는데……."

"하하하! 혹시 누구누구의 선서라는 거 들어 본 적 있어?"

"누구누구? 아람단, 보이스카우트 선서 같은 건가?"

"히포크라테스의 선서라고 의사로서 지키고 해야 할 일을 담은 글이 있어. 의대생들이 졸업식 때 이 선서를 하면서 의사로서의 윤리를 지키겠다고 다짐하지."

"이제 의업에 종사할 허락을 받음에

나의 생애를 인류 봉사에 바칠 것을 엄숙히 서약하노라.

나의 은사에 대하여 존경과 감사를 드리겠노라.

나의 양심과 위엄으로서 의술을 베풀겠노라.

나의 환자의 건강과 생명을 첫째로 생각하겠노라.

……

이상의 서약을 나의 자유의사로 나의 명예를 받들어 하노라."

"히포크라테스가 유명한 이유가 이 선서 때문이야?"

"선서도 의미 있지만, 히포크라테스는 인체의 균형이 무너져서 병이 생긴다고 믿었어. 신에게 용서를 구하고 비는 대신 사람이 병을 치료할 수 있다는 사실을 알려 주었지. 드디어 질병과 신을 따로 떼어 놓은 거야! 그때까지 주술과 종교의 울타리를 벗어나지 못했던 의학을 과학으로 끌어올린 사람이 바로 히포크라테스야. 그래서 '의학의 아버지'라고 불러."

"《황제내경》 이야기할 때도 비슷한 설명을 들었어."

"잘 기억하고 있구나."

"동양과 서양 모두 병을 신이 내린 벌이라고 믿어 오다가 사람이 직접 고칠 수 있다고 생각한 건 엄청난 변화였을 것 같아."

"그렇다니까! 히포크라테스는 모든 질병에는 원인이 있고, 치료법이 있다고 생각했어. 점을 치거나 부적을 쓰는 등 주술에 기대는 대신, 좋은 음

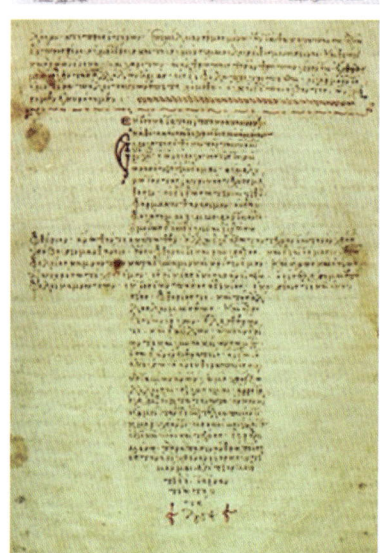

히포크라테스의 모습을 담은 그림과
히포크라테스의 선서문

식과 적절한 운동, 필요한 약을 써서 병을 다스렸지. 또 히포크라테스는 환자를 신분에 상관없이 정성껏 보살펴 주어야 한다고 믿었어."

"오늘 우리가 그 히포크라테스 할아버지를 직접 만나는 거야?"

"어쩌지, 토토. 실망스럽게 해서 미안한데, 코스섬은 히포크라테스가 태어난 곳이기도 하고, 그분이 고향인 이 섬에 의학 학교도 세웠기 때문에 찾아온 거야. 우리가 오늘 직접 만나기는 어렵고, 대신 동상을 보고 다음 여행지로 출발할 거야!"

그리스 코스섬의 아스클레피오스 신전이자 의료 기관인 아스클레피온. 지금도 사람들이 즐겨 찾는 인기 유적지이다.

"너무 아쉽다. 슈바이처 네가 유령이니까 유명한 사람도 막 만나고 원하는 건 뭐든 다 이루어지는 줄 알았는데."

"요술 램프는 없어. 우리 여행도 나름대로 예산과 일정이 빡빡하게 잡혀 있거든! 히포크라테스와 예약이 되어 있지 않아서 곤란해. 대신 토토의 아쉬움을 조금 덜어 줄 겸, 저 나무 아래로 가자."

"저 나무는 뭐 특별한 나무라도 돼?"

"바로 이 나무 아래에서 히포크라테스가 제자들을 가르쳤다는 말씀! 인생은 짧고, 의술은 길다는 말을 남긴 히포크라테스를 기억하자."

"아하! 대단한 이 나무, 우리 사진으로라도 남길까?"

찰칵!

히포크라테스가 제자들을
가르친 장소로 알려진
플라타너스 나무

---

### 슈바이처의 고양이가 들려주는
## 히포크라테스의 체액설

히포크라테스는 사람의 몸이 네 가지 액체로 구성되어 있고, 이 체액의 균형이 깨졌을 때 병이 생긴다고 믿었어. 히포크라테스 이전에는 질병을 신이 내린 벌로 받아들였고, 따라서 치료를 위해서는 신에게 기도를 올려야 했어. 하지만 체액의 불균형으로 아픈 거라면, 기도가 아니라 체액의 균형을 맞춰 주면 해결될 수 있겠지?

이 무렵 그리스 철학자들은 세상의 사물들이 모두 네 가지 기본적인 원소로 이루어져 있다고 믿었어. 공기, 불, 흙, 물, 이렇게 네 원소였지. 히포크라테스는 우주가 네 원소로 이루어진 것처럼, 사람의 몸도 네 가지 체액으로 구성되어 있다고 생각했어. 네 가지 체액은 혈액, 점액, 황담즙, 흑담즙을 말해. 히포크라테스는 혈액은 공기, 점액은 물, 황담즙은 불, 흑담즙은 흙과 서로 짝이 된다고 믿었어.

# 히포크라테스의 혼잣말 인터뷰

HIPPOCRATES.

B.C. 460 ~ B.C. 370 추정

나, 서양 의학의 아버지 히포크라테스는 약 2500년 전 그리스에서 태어났어. 환자를 꼼꼼하게 관찰하고 진료하면서 의학 지식을 쌓아 갔지. 경험을 바탕으로 데이터를 쌓아 나갔다고 할까. 나는 사람들의 땀이나 토사물, 고름이나 가래, 대변 등을 직접 만져 보거나 냄새를 맡고, 심지어 맛까지 보았어. 그리고 환자의 상태를 기록으로 남기는 일도 게을리하지 않았지. 수많은 환자를 적극적으로 관찰한 결과, 이런 결론을 내렸어.

"질병은 신이 내린 징벌이 아니다.
모든 병은 자연적인 원인으로 생기기 때문에,
당연히 자연적인 방법으로 치료해야 한다."

나는 환자에게 필요한 음식과 좋은 운동법을 알려 주고 약을 처방해 줬어. 내가 세상을 떠난 뒤 내가 쓴 글에 제자들의 글을 더해 엮은 〈히포크라테스 전집〉에는 다양한 질병의 분류와 치료법이 자세히 기록되어 있어. 뿐만 아니라 스승과 제자 사이, 환자에 대해 의사로서 가져야 할 태도도 중요하게 다루고 있지. 그래, '히포크라테스 선서' 이야기야. 의사를 위한 윤리 기준을 세우는 데 내가 영향을 끼쳤어.

서양 의학의 기초
# 도서관에서 만난 갈레노스

갑작스러운 여행에 피곤 유령이 함께 따라붙었나 봐! 토토가 꾸벅꾸벅 졸기 시작했어. 고개를 이리 까딱 저리 까딱하다 침이라도 흘렸을까 화들짝 놀라 갑자기 몸을 세웠지. 토토는 슬그머니 실눈을 뜨다 눈이 휘둥그레 졌어.

"슈바이처, 여기 이 엄청난 책들은 다 뭐야?"

원형의 공연장처럼 생긴 곳에 책이 빼곡히 꽂혀 있었어.

"짜잔, 알렉산드리아 도서관에 오신 것을 환영합니다!"

슈바이처가 사서 선생님처럼 나지막이 소곤거렸어.

"들어 본 곳 같은데 잘 모르겠다. 알렉산드리아?"

"네가 좋아하는 왕이 누구더라?"

토토의 목소리가 갑자기 한 옥타브 높아졌어.

"응? 마케도니아의 알렉산드로스 대왕?"

"좋았어! 자, 차근차근 설명해 줄게. 알렉산드로스 왕이 그리스를 통일하고, 기원전 334년부터 10년 동안 이집트와 페르시아 일대를 차례차례 정복했지. 그야말로 대제국을 건설했어. 그게 바로 알렉산드로스 제국이야. 덕분에 그리스 문화와 페르시아 문화 등 여러 지역 문화가 섞여 최초로 국제적인 문화가 탄생할 수 있었어. 왕은 정복한 땅마다 자기 이름을 따서 알렉산드리아라고 불리는 도시를 세웠지. 그중 가장 유명한 도시가 바로 고대 이집트의 알렉산드리아야!"

'사라진 책들의 천국' 고대 알렉산드리아 도서관의 모습을 그린 그림

"그런데 이 도서관에 왜 그 이름이 붙은 거야?"

"알렉산드로스 대왕이 죽은 뒤 그곳에 세계적인 규모의 도서관이 세워졌는데, 그게 바로 이 도서관이야. 세상 모든 책들이 여기 모였다고 해도 될 정도로 어마어마하지. 〈히포크라테스 전집〉도 여기 있어. 이 시대 의사들은 히포크라테스의 책으로 공부했어. 그렇게 의학이 발전해 갔지."

"흠, 슈바이처. 여기가 멋진 도서관이라는 건 충분히 잘 알겠어. 그래도 도서관으로 여행을 오다니, 좀 심해……."

슈바이처가 토토의 입술에 집게손가락을 갖다 댔어.

"쉿! 토토, 아직 실망하기는 이를걸. 오늘 우리는 히포크라테스만큼 중요한 갈레노스를 알게 될 거니까."

"갈……, 누구라고? 여기 도서관 관장님이셔?"

"하하하! 갈레노스가 관장님은 아니지만, 운이 좋으면 도서관에서 만날 수 있을지도 모르지. 그 당시 공부에 뜻이 있는 사람들이라면 누구나 알렉산드리아 도서관으로 몰려들었어. 갈레노스도 예외가 아니었지."

"갈레노스가 도대체 누구이길래?"

"갈레노스는 로마 제국 황제의 주치의야."

"황제의 주치의라서 유명한 거야? 갈레노스가 왜 중요해?"

갑자기 슈바이처가 눈을 반짝였어.

"그런 질문 참 좋아, 토토. 갈레노스는 가장 오랫동안 서양 의학사를 지배해 온 인물이야."

"가장 오랫동안 서양 의학사를 지배해 왔다고?"

"그래, 갈레노스는 고대 서양 의학을 집대성했어. 여기저기 흩어져서 펼

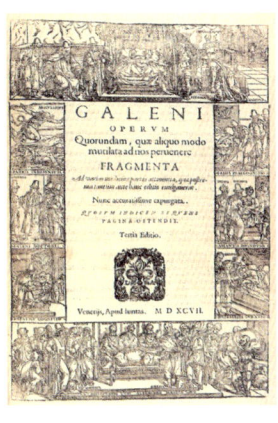

서양 의학의 황제로 자리매김했던 갈레노스가 집필한 책 《오페라》 베니스 출간본(1547). 돼지 해부 시연 그림이 담겨 있다.

쳐지던 의술을 체계적으로, 종합적으로 정리하는 작업은 반드시 필요한 일이었지. 학문의 체계를 세우는 일이니까 말이야. 의학의 발전을 위해 특히 필요했던 일을 갈레노스가 해낸 거지."

"어떻게?"

"갈레노스는 무려 500여 편의 논문을 남겼어. 덕분에 그리스 의학이 아랍인을 통해 서양까지 전해질 수 있었지. 갈레노스가 쓴 책이 서양에서 1500년 이상 의과 대학 교과서로 쓰일 정도였으니, 그가 얼마나 중요한 사람인지 짐작할 수 있겠지?"

"맙소사, 교과서라니! 솔직히 숨 막혀."

토토가 두 손으로 이마를 감쌌어.

# 갈레노스의 혼잣말 인터뷰

Claudius Galenus

129? ~ 200? 추정

나, 서양 의학의 황제 갈레노스가 가장 중요한 교재로 삼았던 게 바로 히포크라테스의 책이었어. 내가 살던 시기에는 해부학을 배울 수 없었지. 사람 몸을 해부하는 게 엄격히 금지된 때였으니까. 하지만 나일강 홍수로 떠내려 오는 시신으로 가까스로 사람의 몸을 연구할 수 있었어.

하지만 사람이 먹은 음식이 어떻게 소화되는지, 사람이 어떻게 숨을 쉬는지, 사람 몸속의 피가 어떻게 흐르는지 뼈만 보고는 알 수 없었어. 그래서 동물을 해부했지. 사람의 신체와 겉모습은 다르지만 내부 구조는 비슷할 거라고 생각했거든.

나, 갈레노스는 성대를 움직이는 신경을 잘라 소리를 내지 못하게 하는 돼지 해부 실험도 진행했어. 요동을 치며 꿍꿍거리는 돼지의 목을 해부해 몇 개의 신경을 찾아서 보여 주었지.

"이 신경을 끊어도 돼지는 계속 울 것입니다."

내 말대로 신경이 끊긴 뒤에도 돼지는 계속 울어 댔어.

"이번에 이쪽 신경을 끊으면 돼지가 울음을 멈출 것입니다."

나의 예고대로 진행되는 상황에 다들 숨을 죽였어. 내가 소리와 성대, 뇌와 신경 등에 대해 돼지 해부를 통해 이미 파악하고 있었기에 가능한 일이었지.

질병이 신이 준 벌이라는 생각에서 사람이 고칠 수 있다고 바꿔 생각한 히포크라테스의 접근. 의학 역사상 획기적인 변화였잖아? 나, 갈레노스는 거기서 한발 더 나아가지. 비로소 인간의 몸에 대해 좀 더 가까이 다가서기 시작했어.

"의학에서 올바른 길을 밝혀낸 것은 오직 나뿐. 히포크라테스가 이미 그 길을 찾아냈다는 점은 인정한다. 그러나 히포크라테스가 그 길을 준비했다면 그 길을 다닐 수 있게 만든 사람은 바로 나."

병원의 시작
# 수도원이 병원이라고?

"슈바이처, 나 아무것도 안 보여. 여기 꿈속인가? 왜 이리 깜깜한 거야?"

"걱정하지 마, 토토! 네 눈에 문제가 생긴 건 아냐. 우리가 깜깜한 시대 다크 에이지로 와서 생긴 일이니까 말이야."

"슈바이처, 솔직히 네가 지금 무슨 말을 하고 있는지 모르겠어."

토토와 슈바이처는 어둠 속에서 작은 손전등을 켰어. 한줄기 빛을 따라 살금살금 걷다가 표지판을 발견했지. 물론 어느 나라 글

자인지 전혀 알 수 없었지만, 걱정할 이유는 없었어. 슈바이처는 유능한 전문 여행 가이드 유령이니까.

"슈바이처, 여긴 어디야?"

"가만 있자, 표지판 좀 읽어 볼까. 여기가 어디냐면 바로 중세 로마 베네딕트 수도원이래."

"여행 코스가 도서관에 이어 수도원이라니! 맙소사! 이게 과연 내가 꿈꾸던 그 여행이 맞는지 모르겠······."

슈바이처가 투덜거리는 토토를 보며 집게손가락을 입술에 갖다 댔어.

"쉿! 토토, 여긴 중세 시대 로마야. 세계 여행에 시간 여행까지, 이건 날이면 날마다 할 수 있는 그런 흔한 여행이 아니라고!"

"아, 알았어, 알았어. 슈바이처 너를 믿어 볼게. 그런데 여행하다 말고 대체 수도원에 왜 온 거야?"

토토는 어리둥절한 표정이었어.

"가톨릭이 사회를 지배하던 중세 시대, 곳곳에 수도원이 생겨났지. 여기 베네딕트 수도원은 그 당시 영향력이 가장 컸던 수도원이었어."

"그게 우리 여행이랑 무슨 상관이 있는지 모르겠어. 수도원은 수도사나 수녀들이 모여 성경을 공부하고 하느님의 뜻을 실천하는 곳 아니야?"

"그렇지. 수도원은 그런 곳이야. 그런데 이 사실은 어떻게 생각해? 베네딕트 수도원의 규율에는 '다른 어떤 일보다 아픈 사람을 돌보는 것이 우선되어야 한다.'는 내용이 담겨 있었어."

중세 때 세워진 수도원의 모습. 중세 시대 수도원은 의학과 약학의 기초가 마련된 공간이었다.

"앗?"

토토는 슈바이처와 눈이 마주쳤어.

"토토, 우리가 여기 온 이유를 짐작할 수 있겠어?"

"좀 알쏭달쏭한데 아픈 사람을 돌보는 것이 우선되어야 하는 곳이라면 아무리 생각해도 병원 이야기 같은데."

"그래, 우리가 수도원에 온 바로 그 이유야."

슈바이처가 이야기를 이어 나갔어.

"그러니까 병원이 수도원에서 시작되었다고 볼 수 있지. 물론 전문 시설이라기보다 아픈 사람을 보살펴 주는 곳이었지만 말이야."

"좀 의외야. 병원의 시작이 수도원이라니."

> 슈바이처의 고양이가 들려주는
> ## 수도원 이야기
>
> 갈레노스 이후 중세 의학은 뚜렷한 발전이 없었어. 죄를 짓거나 악마 때문에 병에 걸렸다고 믿거나 질병을 치료하는 것이 기적이라는 주술적 믿음이 다시 퍼져 나가기도 했지. 중세에는 유럽 전역에 세워진 수도원 안에서 의학 교육이 이루어졌어. 수도원에서 현대 의학의 기초가 마련되었다는 건 이런 배경이 있어서야. 수도사와 수녀들은 고대의 의술을 공부하며 꾸준히 연구했어. 중요한 의학 서적들이 수도원에서 탄생했을 정도야.
>
> 이탈리아에서 알프스산맥을 넘어 독일에도 수도원 의학 지식이 전해져. 독일의 경우 카를 대제의 개혁으로 수도원은 아픈 사람들을 의학적으로 돌보는 곳으로 발전해. 병원을 뜻하는 '호스피탈(Hospital)'이라는 말도 여행 순례자가 아플 때 수도원에서 치료와 간호를 받을 수 있었던 이 무렵 상황에서 나왔어.
>
> 중세 시대 의학 연구는 주로 수도원에서 환자를 수용하고, 약초를 재배하기 위해 논문을 번역하고, 실제로 약초를 키우는 일에 중점을 두었어. 수도원에는 자연스레 약초 정원들이 생겨났는데, 이 노력들이 결국에는 먼 훗날, 약학이 전문적인 학문으로 발전할 수 있는 바탕이 되었대.

"몸이 좋지 않은 사람들이 수도원에 머물면서 잘 먹고 잘 자는 것만으로도 여러 모로 좋아질 수 있었어."

"아늑한 휴식 공간 같은 곳이었을까?"

"그런 의미도 있었을 거야. 환자가 오면 수도원에서는 음식과 잠자리를 제공하거나 약초를 주기도 했지만, 가장 중요하게 생각한 것은……."

토토가 들뜬 목소리로 말했어.

"나, 그 퀴즈 맞힐 수 있을 것 같아. 기도, 기도였을 거야."

"그래, 바로 기도! 병실 복도 끝에 마련된 제단 앞에서 사람들은 신에게 기도했어. 토토 말처럼 기도가 가장 좋은 치료법이라고 믿었으니까."

## 세상을 뒤흔든 질병 ①
# 페스트

페스트는 인류 역사에 가장 큰 영향을 준 질병 가운데 하나야. 페스트 때문에 중세 시대가 막을 내리고 서양의 근대를 열었다는 말이 있을 정도야. 페스트는 540년 무렵부터 수시로 유럽과 아시아에서 유행했는데, 피해가 가장 컸던 때는 1347년부터 1351년 사이였어. 이 시기 유럽은 페스트로 약 2500만 명 정도의 사람들이 목숨을 잃었어. 당시 유럽 인구의 20~30% 정도에 해당되는 수라고 하니, 이쯤 되면 페스트가 얼마나 심각한 병인지 짐작할 수 있겠지?

페스트에 걸리면 온몸에 검은색 반점이 생겨나. 그래서 '흑사병'이라고 부르는데, 사람들이 죽어 나가는 모습이 너무나 참혹해서 붙인 이름이라는 의견도 있어. 페스트 환자들은 고열과 구토에 시달리며 피가 섞인 기침을 하다 결국 죽음을 맞이해.

페스트 시대 의사의 복장

사람들은 가벼운 재채기나 기침, 일상적인 대화를 나누면서도 페스트에 옮았어. 환자의 옷이나 물건을 만지거나 스치기만 해도 전염되었지. 날마다 사람들이 죽어 나갔고, 거리에는 시체 썩는 냄새가 가득했어. 시신을 묻을 공간도 모자라서 큼직하게 구덩이를 파고 아무렇게나 묻어야 했어. 무엇보다 끔찍했던 건 페스트가 왜 생기는지, 어떻게 전염되는지, 치료법은 무엇인지 아무도 몰랐다는 거야.

중세 시대 의사들도 다르지 않았어. 당장 자신이 죽을지도 모르는데 누가 환자를 돌보려고 하겠어? 어쩔 수 없이 환자를 돌봐야 할 때면, 의사들은 온몸을 감싸는 가죽옷을 껴입고, 눈만 보이는 새 부리 모양 가면을 썼어. 긴 가죽 장갑을 끼고 막대를 들고 다녔는데, 환자를 만지는 것조차 두려워 막대로 환자의 맥박을 쟀다고 해.

중세 유럽 사람들은 페스트를 신이 내린 벌이라고 생각했어. 그래서 등장한 것이 바로 채찍질 교도야. 채찍질 교도들은 옷을 벗고 자신의 몸을 채찍으로 때리면서 거리를 행진했어. 온몸이 찢어지고 피가 뚝뚝 흘렀지만 채찍질을 멈추지 않았어. 신이 페스트라는 벌을 내리기 전에 자기가 먼저 스스로 벌을 주는 것이었어. "페스트는 신이 우리에게 내린 벌이다. 우리의 죄를 고백하고 신에게 용서를 구해야 한다." 이렇게 소리치면서 말이야.

'죽음의 무도'도 페스트 때문에 생겨난 풍습으로 볼 수 있어. 페스트가 생기면 마을 사람들이 모두 한곳에 모여 미친 듯이 춤을 추었어. 두려움에서 벗어나기 위한 몸부림이었지.

페스트가 유행하면서 모든 것이 무너졌어. 교회 성직자들도 페스트를 피해 갈 수 없었어. 자연스레 사람들은 신과 교회에 대해 의문을 품기 시작했어. 교회의 가르침이 페스트로부터 자신을 지켜 줄 수 없다는 걸 알았으니까. 결국 페스트 이후, 종교가 세상을 지배하던 중세 시대도 끝이 났지.

아주 오랫동안 누구도 페스트의 원인과 치료법을 밝혀내지 못했어. 그러다 1894년, 프랑스의 알렉상드르 예르생이 드디어 페스트의 원인을 알아냈어. 페스트는 쥐와 같은 설치류의 몸속에 사는 세균 때문에 생겨. 페스트균에 감염된 쥐의 피를 빨아먹은 벼룩이 사람을 물면 사람도 페스트에 걸렸던 거지.

지금도 페스트균은 세계 곳곳을 떠돌아다니고 있어. 쥐와 같은 야생 동물들은 아직도 몸속에 페스트균을 가지고 있어. 하지만 예전처럼 수많은 사람들이 속수무책으로 죽는 일은 없을 거야.

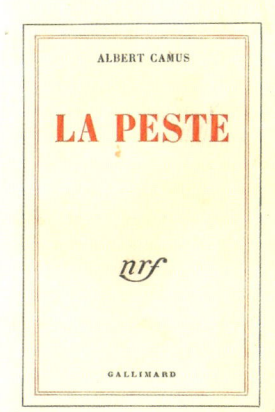

알베르 카뮈의 소설 《페스트》.
페스트로 폐쇄된 알제리의 도시 오랑을 무대로 삼은 카뮈의 대표작

# 우리 몸에 대한 탐구

주술과 의학이 분리되고 난 뒤, 사람들은 우리 몸에 좀 더 집중하기 시작했어.
증상을 질병처럼 다루던 태도에서 벗어나 질병의 원인을 몸의 장소로 접근하지.
인간의 몸과 생명, 질병에 대한 인식이 근본적으로 바뀌어 갔어.

인체에 대한 관심
# 베살리우스의 신념

수도원에 도서관까지, 토토와 슈바이처는 빼곡한 여행 일정에 비명을 지를 새도 없이 그저 바빴어.

"슈바이처, 이번에는 묻기 전에 먼저 알려 줘. 우리가 도착할 곳은 어디야?"

"그럴까? 1300년대 이탈리아 볼로냐 대학."

"대학이라니! 수도원이나 도서관보다는 더 기대된다. 나, 스파게티 먹고 싶어. 아니, 피자, 아니 아니, 둘 다 먹을래."

"먹을거리부터 떠올리다니, 정말 토토답다!"

치즈가 한가득 김이 모락모락 나는 파스타 덕분에, 꼬르륵꼬르륵 울어 대던 배

볼로냐 대학. 중세 시대 학문의 중심지이자 유럽 최초의 대학으로, 단테와 코페르니쿠스, 에라스무스도 이 대학을 다녔다.

가 언제 그랬냐는 듯 잠잠해졌어. 배가 든든해지니까 행복감이 차올랐어. 슬슬 잠이 오려던 그때였어. 슈바이처가 아주 친절하게도 우렁차게 말을 꺼냈지.

"토토, 볼로냐는 중세 시대 학문과 예술의 중심지였어."

"그랬어?"

"볼로냐 대학은 유럽 최초로 의과 대학이 있었지!"

"정말?"

"진심 없이 대꾸하는 거 다 티나거든? 반응이 너무 기계적이잖아."

졸 듯 말 듯 나른하던 토토의 얼굴이 그새 토마토처럼 빨개졌어.

"슈바이처, 소름 돋는다! 피자랑 스파게티 배불리 먹었더니 잠이 솔솔 오는 거 있지."

슈바이처가 의미심장한 표정을 지으며 대꾸했어.

"그랬어? 이제부터 잠이 싹 달아날 거야. 토토, 내 이야기 잘 들어. 유럽 최초로 해부학 강의가 시작된 곳이 볼로냐 대학이거든."

"해, 해부학?"

"오호, 이제 좀 으스스해지나? 해부학 수업이 어떻게 이루어졌는지 궁금하지 않아?"

"저기, 나 말야, 뭘 좀 가지러 가야 할 것 같은데…… 슈바이처……."

"쉿! 수업 시간이야!"

토토는 획획 끌려가듯 도착했어. 어디에? 바로 해부학 실습이 이루어지는 강의실! 강의실에는 학생들이 모여 있었어. 잔뜩 얼어붙은 토토 옆에 슈바이처가 찰싹 달라붙어 있었지.

"자, 저기 가장 높은 탁자에 있는 사람이 바로 교수!"

"교수님이 해부하는 거 아니야?"

"아니, 칼 들고 해부하는 사람은 의사도 아니고 학생도 아냐."

"그럼 누구야?"

"해부만 전문적으로 하는 사람이야."

"해부만 전문적으로 하는 사람도 있어? 해부학자?"

"놀라지 마. 바로 이발사야!"

토토의 눈이 둥그레졌어.

"말도 안 돼!"

"중세 시대 수술은 이발사들이 도맡았어. 이발사와 교수 사이를 가득 채운 사람들은 바로 학생들이야. 다들 해부학 강의실에 앉아 인체 해부 과정을 지켜보았지. 교수가 보고 있는 건 다름 아닌 갈레노스의 책이었고!"

그 순간, 토토가 눈을 반짝였어.

"그 갈레노스?"

"오, 기억력 나쁘지 않네. 그래, 그 갈레노스! 중세 의과 대학에서는 갈레노스의 책을 성경처럼 받들었어. 갈레노스가 한 말은 무조건 옳다고 믿을 정도였지."

"갈레노스는 정말 위대한 의사였구나."

"충격적인 사실을 하나 더 알려 줄게."

---

### 슈바이처의 고양이가 들려주는
## 의사 이야기

주술사, 자연 철학자, 고대 의사, 중세 수도사를 거쳐 11세기에 이르면 일반인들이 의사가 될 수 있는 시대가 열려. 의대가 생긴 거지. 900년에 최초의 의학 학교인 살레르노 의학교가 생기고, 그 뒤 대학교가 세워지고, 의과 대학이 설립되지. 정규 교육을 받고 자격시험을 치르고, 면허를 획득하면 의사가 될 수 있게 된 거야. 그런데 여기서 말하는 의사는 오직 내과 의사야.

외과 수술을 맡았던 외과 기술자들은 사실 대학이 아니라 상공업자들의 조합인 '길드' 안에서 도제식으로 기술을 익혔어. 책을 읽는 의사는 해부를 직접 하지 않았고, 외과 기술자들이 도맡았어. 그러니 해부학 기술의 발전이 더딜 수밖에 없었어. 중세 유럽에서는 이발사도 외과 기술자와 비슷한 일을 맡았어. 내과 의사가 고름을 짜내거나 피를 빼기 위해 외과 기술자나 이발사를 불렀거든. 시간이 차츰 흘러 외과 기술자들이 독립해서 오늘날의 외과 의사가 탄생하게 되었지.

"뭔데?"

"사실 교수는 직접 해부를 해 본 경험이 없었어. 갈레노스가 사람의 몸을 해부해서 책을 쓴 것도 아니야. 동물의 몸을 해부하고 쓴 책이라 실제와 많이 달랐어. 해부하는 사람이 교수가 읽어 주는 내용과 다르다고 지적이라도 하면, '당신이 해부를 잘못해서 그런 것입니다.' 하고는 수업을 마칠 정도였지."

"에이, 못 믿겠어."

토토가 손사래를 쳤어.

"믿기 어렵지? 제대로 된 해부학 수업이 아니었어. 당연히 오래 지속될 수 없었지. 이런 잘못된 관습에 저항하는 용감한 사람이 꼭 나타나. 보석처럼."

"영웅?"

"그럴지도 모르겠네. 그때 나타난 사람이 바로 베살리우스야."

토토는 귀를 쫑긋 세웠어.

"베살리우스는 이탈리아 파도바 대학에서 해부학을 가르치는 교수였어. 해부를 직접 해야 인체의 세밀한 부분까지 속속들이 알 수 있다고 생각했어. 정확한 해부 지식을 동물의 몸이나 책을 통해서가 아니라 사람의 몸을 직접 해부해야 얻을 수 있다고 믿었지."

토토는 고개를 갸웃거렸어.

"그건 너무 당연한 이야기 아냐?"

  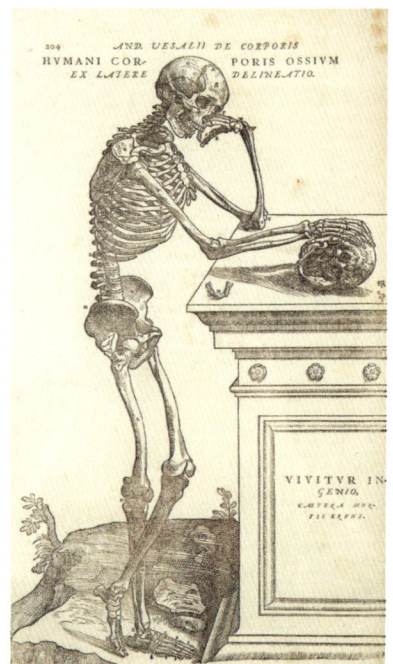

근대 해부학의 세계를 열었다고 평가받는 베살리우스의 초상화와 베살리우스가 집필한 책《인체의 구조에 대하여》(1543)의 표지와 본문이다.

"그렇지, 당연한 많은 것들이 예전에는 당연하지 않았던 거지."

"어딘가 좀 멋있는 말 같아, 슈바이처."

"기억해 둬, 토토. 살면서 꼭 필요한 것 중 하나가 바로 옳다고 믿는 걸 실천으로 옮기는 용기라는 걸."

"기억할게, 슈바이처."

토토의 눈이 유난히 반짝였어. 토토가 진지한 태도를 보이자 슈바이처도 목소리를 가다듬었어.

"좋아! 1543년은 의학의 역사에서 중요한 해야. 베살리우스가《인체의 구조에 대하여》라는 책을 낸 해이기 때문인데…….”

"책 한 권 나온 게 그렇게 대단한 일인가?"

"그 책으로 세상이 달라졌다면 대단한 일이지. 1543년은 코페르니쿠스가 지동설을 발표한 해이기도 해. 지동설이 과학계의 혁명을 불러왔듯 베살리우스의 책이 해부학 분야에 혁명을 일으켰어."

"어떻게?"

어랏, 어느새 슈바이처의 손을 잡고 있던 토토는 달팽이집처럼 뱅글뱅글 둥그런 구조로 이루어진 어느 가파른 계단형 강의실에 도착해 있었어.

"아, 멀미 나려고 해! 슈바이처, 여기가 대체 어디야?"

"어딜까?"

"콘서트장 같기도 하고, 회오리 아이스크림 모양으로 된 여기는 대체 뭐람! 방금 전까지 볼로냐 대학에 있었는데! 여기도 그 대학인가?"

"자, 기대해도 좋아. 우리는 1500년대 후반 파도바 대학 강의실에 도착했어!"

"파도바 대학?"

"베살리우스가 교수로 있었던 학교야. 여기가 바로 1594년 세계 최초로 세워진 해부학 전용 실습 강의실이야. 사람들이 최대한 가까이에서 인체 해부 장면을 볼 수 있도록 만든 곳이지."

"이런 강의실을 만들 생각을 어떻게 했을까?"

"베살리우스가 제대로 된 해부학의 길을 열어 준 덕분이지. 베살리우스

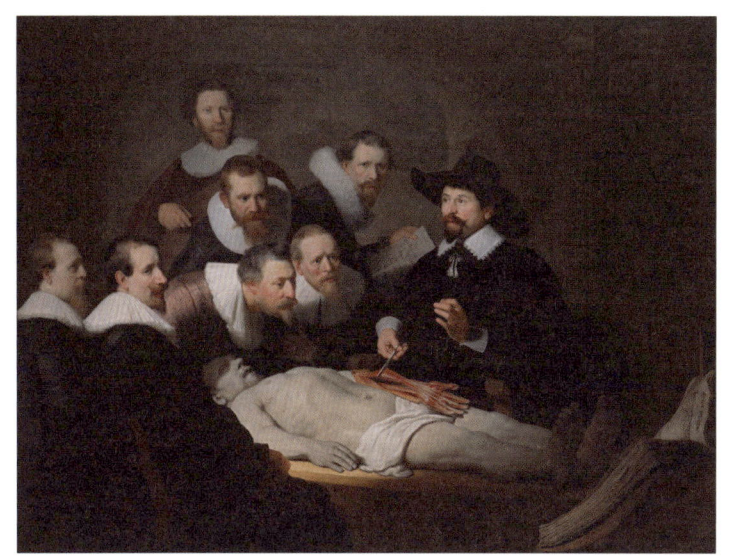
렘브란트가 그린 〈니콜라스 튈프 박사의 해부학 강의〉(1632)

도 처음에는 갈레노스의 생각을 따랐어. 하지만 사람의 몸을 해부해 볼수록 의문이 생겨났지. 갈레노스의 이론이 돼지나 원숭이를 해부해 얻은 결과를 바탕으로 삼았으니 그럴 수밖에."

"그래서 어떻게 했어?"

"베살리우스는 공개적으로 나섰어. 갈레노스의 이론이 잘못되었다고 주장했지. 엄청난 논쟁이 벌어졌고."

"베살리우스가 옳았잖아. 당연히 사람들이 지지해 주었겠지?"

토토의 질문에 슈바이처는 의외의 대답을 내놓았어.

"그게 참, 옳은 사실이 항상 당장에 인정받는 건 아니야. 때로는 오랜 기다림이 필요해. 베살리우스의 주장은 그 무렵 발달한 인쇄 기술 덕분에 순식간에 퍼져 나갔어. 1450년에 구텐베르크가 시작한 인쇄 기술이 이미 유럽에 널리 알려져 있던 때여서 그리 어렵지 않았어. 하지만 베살리우스가 인정받게 된 건 그로부터 한참 지난 뒤였어. 갈레노스의 책이 최고의 의학 교과서로 통했던 시대라 직접 해부를 해 보기 전까지 베살리우스가 옳은지 판단할 수 없었던 거지."

토토는 입이 다물어지지 않았어.

"그렇다면 베살리우스의 주장이 언제부터 받아들여지게 된 거야?"

"1600년대부터! 많은 의과 대학에서 본격적으로 해부하고 연구하기 시작했어. 그제서야 베살리우스가 틀리지 않았다는 걸 차츰 알게 된 거지."

"아하, 우리가 이 해부학 강의실로 온 이유가 그거였구나!"

"이야, 토토! 여행의 의도를 정확히 짚어 내다니 내가 진심으로 여행의 보람을 느낀다!"

---

슈바이처의 고양이가 들려주는

## 해부 이야기

프랑스 혁명(1789~1799) 이후, 의과 대학은 해부학 강의가 있고 없고에 따라 평판이 달라졌어. 그래서 많은 의과 대학에서 해부학 강의를 열었지. 해부를 하려면 시신을 확보해야 하는데, 당시 사람들은 가족의 시신이 해부되는 걸 꺼렸어. 그래서 사형수의 시신이나 가족이 없는 사람의 시신으로 대신했어. 시신이 모자라 무덤을 파헤쳐 시체를 가져오는 일이 생기거나, 심지어 시체 팔이라는 새로운 직업도 등장했지. 시체를 팔아 돈을 벌기 위해 사람의 목숨도 위협하는 일까지 생기는 등 심각한 부작용에 사람들은 분노했어. 급기야 의사들의 집과 의과 대학을 습격해 불을 지르는 사건들이 일어나기도 했지. 그러자 시신을 사고파는 일이 엄격히 금지되었어.

지금은 의과 대학에서 기증받은 시신만을 해부해. 우리나라 의과 대학에 가면 시신 기증자를 기리는 위령탑을 볼 수 있어. 의대생들은 해부하기 전에 예의를 갖추고, 경건한 마음으로 시신을 대하도록 교육받고 있어.

# 베살리우스의 혼잣말 인터뷰

ANDREAE VESALII.
1514 ~ 1564

나, 해부학의 개혁가 베살리우스는 인체 해부를 통해 새로운 세계를 열었어. 의사인 해부학 교수가 자기 손으로 직접 해부하고, 눈으로 관찰한 결과를 기록한다는 것은 내가 살던 시대에는 어림도 없는 일이었어. 사람의 몸을 해부하는 건 이발사의 몫이었고, 해부학 교수는 갈레노스의 책이나 그것을 그대로 옮겨 놓은 것들을 읽기만 하면 되었으니까. 하지만 나는 그렇게 하지 않았어. 그렇게 하지 않음으로써 새로운 의학의 시대를 열 수 있었지.

나, 베살리우스를 거친 뒤 빠르게 발전한 인체 해부학은 인간의 신체를 해체하고 나누었어. 질병을 대하는 낡은 생각을 무너뜨리고 새로운 관점을 탄생시켰지. 1000년이 넘는 시간 동안 서양 의학을 지배해 온 갈레노스의 오류를 과감히 바로잡은 것도 나였어.

살아 있는 인간의 움직이는 몸에 관심을 기울인 나. 나를 계기로 질병이 체액 사이의 균형이 무너진 상태가 아니라 우리 몸 부위에 생긴 변화라고 받아들이는 데까지 다다를 수 있었어. 비로소 근대 의학이 탄생할 수 있었다고 할까.

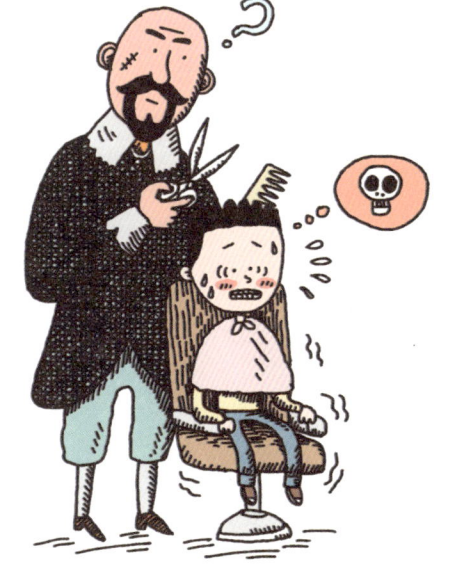

ANDREAE VESALII
BRVXELLENSIS, SCHOLAE
medicorum Patauinæ professoris, de
Humani corporis fabrica
Libri septem.

우리 몸의 기능
# 하비의 질문

"토토, 뭐 하고 있어?"

슈바이처의 질문에 토토가 확신에 찬 말투로 대꾸했어.

"나도 눈치가 있거든! 우리 또 떠날 거잖아? 미리 가방 좀 정리해 뒀지."

슈바이처가 잠시 머뭇거렸어.

"저기, 어쩌지! 우리 파도바 대학에 더 머물 건데."

토토가 눈을 동그랗게 떴어.

"응? 여기 더 머무는 특별한 이유라도 있어?"

"토토에게 알려 주고 싶은 사람이 많아."

"누구?"

"먼저 윌리엄 하비!"

"윌리엄 하비? 어떤 사람인데?"

토토가 침을 꿀꺽 삼키며 묻자, 슈바이처는 어느새 진지한 표정이었어.

"해부학 강의실에서 수업을 듣던 하비는 갈레노스의 이론에 의문을 품

윌리엄 하비(1578~1657).
혈액이 순환한다는 사실을 발견해 의학의 역사에 공헌한 근대 생리학의 아버지

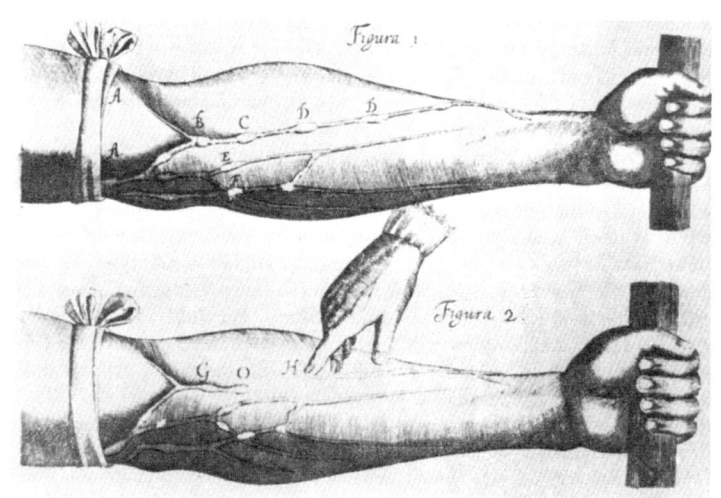

윌리엄 하비가 쓴 책 《동물의 심장과 혈액의 운동에 관한 해부학적 연구》(1628)의 일부

게 돼."

"어떤 이론? 어떤 의문?"

슈바이처가 웃음을 터뜨렸어.

"하하하! 성격 한번 급하기는. 자, 한 번에 하나씩 해결하자. 갈레노스는 우리 몸속에 있는 피가 계속해서 새로 만들어진다고 생각했어. 게다가 그 피가 몸의 중심인 간에서 몸으로 정맥을 통해 흐른다고 믿었지."

"하비는 어떻게 생각한 거야?"

토토가 슈바이처를 향해 몸을 기울였어.

"하비는 몸속 피가 움직이는 경로를 찾으려고 애썼어. 피의 양도 따져 보았지. 그러다 갈레노스와 다른 생각을 했어."

"어떤?"

"중심에서 주변으로 피가 흐르는 게 아니라 몸속을 돌고 도는 순환을 반복하는 게 아닐까 하는 생각! 갈레노스가 주장했던 피가 움직이는 방향이 틀릴 수도 있다고 생각했지."

"하비는 왜 갑자기 그런 의심을 품었을까?"

슈바이처가 차분하게 대답했어.

"하루아침에 우연히 얻은 생각은 아니야. 꾸준히 가설을 세워 보고 관찰하고 실험하고, 논리적으로 추론해서 얻은 과학적인 의문이었지."

"대단하다."

"보이지 않는 것을 쉽게 믿지 말라!"

"멋진 말이야. 그런데, 슈바이처! 궁금증이 생겨. 우리가 밥을 먹으면 소화되는 건 어떻게 알까? 그건 우리 눈으로 볼 수 없는 거잖아?"

"그걸 본 사람이 있었어."

"설마! 네 유령 친구 이야기야?"

"진짜야! 윌리엄 보몬트 이야기지."

"윌리엄 보몬트?"

"응, 우리 몸이 소화하는 과정을 직접 눈으로 확인한 사람이야."

토토는 목을 길게 빼고 귀를 쫑긋 세웠어. 토끼나 고양이라도 된 것처럼 말이야.

---

### 슈바이처의 고양이가 들려주는
## 하비의 발견 이야기

하비는 혈액이 심장과 혈관을 돌고 도는 순환을 반복한다는 걸 발견했어. 심장에서 동맥으로 나가는 혈액량을 계산해 보았지. 하비는 사람의 심장은 좌심실이 1번 수축할 때 약 57g의 혈액을 뿜어낸다는 것을 알아냈어. 심장이 1분에 72번 박동한다면 1시간에 246kg의 혈액이 심장에서 배출되는 셈. 이 양은 어른 몸무게의 3~4배에 해당해. 1시간 동안 자기 체중의 3~4배에 해당되는 피를 만든다는 게 정말 가능할까? 갈레노스는 피가 간에서 만들어져 심장에서 동맥으로 나가 모두 사라지고, 계속해서 새로 만들어진다고 믿었어. 하비는 이런 생각에 의문을 품고 연구하던 끝에, 결국 혈액이 순환한다는 결론을 내렸어.

당시 과학자들 사이에 유행하던 말이 있어. '보는 것이 믿는 것이다.' 눈으로 봐야 믿을 수 있다는 뜻이었어. 갈레노스처럼 아무리 유명한 사람의 생각이라 해도 자신의 눈으로 직접 보기 전까지는 섣불리 믿지 말라는 의미지.

## 윌리엄 보몬트의 혼잣말 인터뷰

William Beaumont

1785 ~ 1853

위장 생리학의 개척자인 나, 보몬트는 1822년 마르탱이라는 환자를 치료하게 되었어. 마르탱은 누군가가 실수로 쏜 총을 맞아 위와 왼쪽 옆구리를 다친 상태였지. 모두들 그가 곧 죽을 거라고 생각했어. 수술로 구멍 난 부분을 봉합해 주는 치료가 없었을 때였으니까. 구멍 난 상태 그대로 그저 지켜볼 수밖에 없었거든. 음식을 먹으면 위에 뚫린 구멍으로 모조리 나올 거고, 그러니 생명을 유지할 수 없을 거라 생각했지. 실제로 처음에는 음식물이 모두 밖으로 나왔어. 17일이 지나면서 음식이 소화되어 장으로 넘어갔지. 내가 치료한 덕분이랄까. 마르탱은 새 살이 차올라 이 실험 이후로도 58년이나 건강하게 생활할 수 있었어.

이 당시에는 사람이 먹은 음식이 어떻게 소화되는지 아무도 몰랐어. 실험 정신이 강했던 나는 고깃덩어리를 비롯한 다양한 음식물들을 실에 매달았어. 몸에 난 구멍을 통해 마르탱의 위 속에 넣었다가 한참 뒤 꺼내 관찰했지. 시간이 지난 뒤 음식물이 흐물흐물해진다는 걸 알게 되었어. 또 마르탱의 위에서 나온 액체를 모아 음식이 담긴 컵에 넣어 두었더니, 음식물이 위에서처럼 변화하는 것도 관찰할 수 있었지.

위 운동과 같은 기계적 소화 외에도 위액과 같은 화학적 소화 과정이 일어난다는 것을 알게 된 거야. 위에서 나오는 액체를 모아서 분석해 본 결과, 나는 위액에는 강한 염산이 있다는 사실을 밝혀냈어.

나는 마르탱을 10년간 《위액에 관한 소화 생리학》이라는 책을 쓸 수 있을 정도로 꾸준히 관찰하고 연구했어. 지쳐 버린 마르탱은 자신의 집으로 돌아가고 말았어. 나의 요청에도 마르탱은 두 번 다시 오지 않았지. 자신을 실험동물 삼아 이용한다고 오해한 것 같아. 유감스러운 일이지.

질병에는 장소가 있다
# 모르가니의 의문

"슈바이처, 하비 말고도 우리가 파도바 대학에 더 머무르는 특별한 까닭이 남았어?"

토토의 질문에 슈바이처는 눈을 반짝였어.

"응, 모르가니 이야기를 들려주고 싶어."

"모르가니?"

"응, 모르가니는 부검★으로 유명한 학자야."

분위기가 순식간에 얼어붙었어.

"슈바이처, 잠깐만! 갑자기 으스스해지잖아. 엘사라도 다녀간 것처럼."

"잠들기 전에 딱인 이야기지? 하하하. 아까 해부학 강의실에서도 괜찮았잖아. 해부나 부검이나 사실 비슷한 말인걸."

"하지만 지금은 깜깜한 밤이거든?"

"토토, 분위기를 그렇게 중요하게 생각하는 줄 몰랐네."

토토는 담대해지기로 마음먹었어.

"부검이라면 의학 드라마에서 자주 봐서 알아."

★ 부검
죽은 원인이나 병으로 일어나는 몸의 변화, 몸이 상하거나 다친 이유나 정도 등을 밝히기 위해 시체를 해부하고 검사하는 일을 말한다.

"그래, 18세기 유럽에서는 해부학이 두드러지게 발전해. 모르가니가 이 분야에서 아주 유명한 인물로 활약했지. 600여 구의 시체를 부검해서 질병의 원인과 과정을 책으로 담아냈거든."

"부검을 통해서 모르가니가 알아낸 게 뭐였어? 그게 몹시 궁금해."

"핵심을 파악하려는 자세가 정말 좋아, 토토. 병이 신의 노여움을 사거나 몸의 균형이 깨져서 생긴다고 믿었잖아. 기억하지? 모르가니를 시작으로 이제는 질병이 생기는 곳에 관심을 가지게 된 거지."

"질병이 생기는 곳?"

무척 신기한 이야기였어. 질병이 생기는 장소라니! 슈바이처가 말을 덧붙였어.

"응, 어디가 아프면 어디어디 병, 이런 이름을 붙이잖아? 위장병, 두통 등등 잘 살펴보면 많은 병명이 우리 몸의 자리를 가리키고 있어. 모르가니는 질병을 더 잘 이해하기 위해 해부를 열심히 했어."

"해부를 통해 사람의 몸이 위치로 나뉘고, 그곳에서 생긴 병을 집중적으로 관리하고 치료해야 한다는 생각을 했다는 거야?"

"그렇지! 특히 부검은 사람의 죽음까지도 관리하는 범위까지 나아간 일이랄까. 어때? 히포크라테스에서 갈레노스, 베살리우스, 모르가니까지 약간씩 달라지는 변화가 보이니?"

"음, 아주 야악간?"

"모르가니가 연구한 병이 생기는 몸의 자리가 사람의 장기에서 점차 조

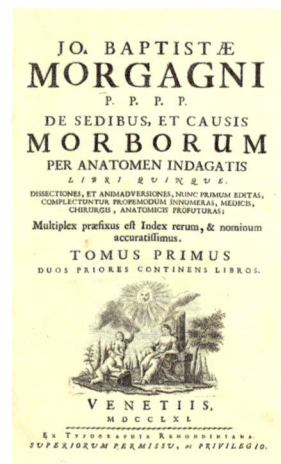

《질병의 장소와 원인에 관한 해부학적 연구》(1761). 해부병리학의 아버지 모르가니가 쓴 책의 표지

직, 세포 등으로 점점 좁아져 가."

"그게 뭘 뜻하는 거야?"

슈바이처가 차분한 표정으로 토토를 바라보았어.

"연구 범위가 조금씩 더 자세하고, 세밀해진다는 뜻이지. 사람들이 병을 조금씩 더 촘촘하게, 더 전문적으로 관찰하고 연구하고 집중하기 시작했다는 뜻이고."

토토가 천천히 중얼거렸어.

"조금씩 더 촘촘하게, 더 전문적으로?"

## 슈바이처의 고양이가 들려주는
# 현미경 이야기

현미경을 발명한 레이우엔훅
(1632~1723)

조금 더 세밀하고 전문적으로 의학이 발전해 나가는 데, 현미경이 얼마나 중요한 역할을 담당했는지 결코 빼놓을 수 없지.

현미경의 원리를 알려 줄게. 돋보기로 글씨를 보면 크게 보이지? 돋보기란 가운데가 볼록해서 볼록 렌즈라고 해. 현미경은 쉽게 설명하자면 볼록 렌즈 두 개를 겹쳐 놓은 거야.

현미경은 유럽에서 1500년대에 처음 만들어졌는데, 실제로 사용하기 편리하게 성능을 개발한 사람은 네덜란드의 레이우엔훅이야. 레이우엔훅은 좋은 렌즈를 개발해서 미세한 것들을 즐겨 관찰했어. 1652년에 근사한 현미경을 완성해. 우리가 지금도 그 현미경을 사용하고 있을 정도로 성능이 뛰어나지.

레이우엔훅이 현미경과 씨름하고 있던 1676년 어느 날, 폭우가 내려 실험실 지붕이 뚫려 버렸어. 뚫린 천장을 별 생각 없이 보던 레이우엔훅은 '빗물 속에는 뭐가 있을까' 문득 호기심이 생겨 웅덩이에 고인 빗물을 현미경으로 관찰했지. 뜻밖에도 빗물 속에서 살아 꿈틀거리는 것을 발견했어. 빗물에서 여러 차례 미생물을 관찰한 레이우엔훅은 영국왕실학회에 보고서를 보냈고, 여러 과정 끝에 레이우엔훅은 최초로 세균을 관찰한 사람으로 인정받을 수 있었어.

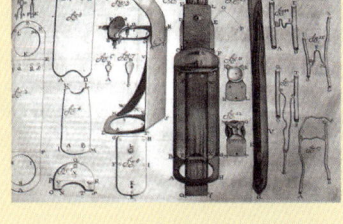

레이우엔훅의 현미경 도안

지금은 오로지 현미경을 통해서만 관찰되는 작은 세균들이 병을 일으키고 사람들의 목숨을 앗아갈 수 있다고 알려져 있지만, 그 당시만 해도 그걸 믿는 사람들은 없었어. 의사들도 그토록 작은 단세포 세균이 어떻게 사람을 죽일 수 있다는 것인지 확신할 수 없었기에 병을 진단하는 데 현미경을 쓸 생각은 미처 하지 못했지.

세균이 병을 일으킨다는 사실이 밝혀진 것은 19세기 후반의 일이야. 그러니까 레이우엔훅이 세균을 발견하고도 300년이 지난 뒤야. 세균이 병을 일으킨다는 것을 증명한 사람은 누구일까? 다음 여행에서 만날 수 있으니 부지런히 따라와!

미생물 연구에 중요한
역할을 담당하는 현미경

세균과 질병
# 파스퇴르의 발견

비몽사몽 잠에서 깬 토토가 어리둥절한 표정으로 주변을 살폈어. 분명 어제 잠들었던 곳과는 다른 풍경이었거든. 토토는 나무로 만든 낡은 와인 저장통 위에 앉아 있었어. 여긴 또 어딜까 하고 토토가 두리번거렸지.

"봉주르!"

파랑, 하양, 빨강 세 가지 색으로 된 천을 몸에 두른 슈바이처가 나타나 인사를 건넸어.

"슈바이처, 우리 지금 어디 와 있는 거야?"

"크루아상의 나라 프랑스야."

"우아, 어제 잠들기 전에는 분명 이탈리아였는데, 언제 프랑스에 도착한 거야?"

들뜬 나머지 토토는 배고프다는 말도 아직 꺼내지 못했어. 대신 배가 꾸르륵 비명을 질러 댔지. 슈바이처가 배를 잡고 웃었어.

"토토, 오늘 아침은 고소한 크루아상에 유산균이 가득한 요구르트로 시작하자."

"좋아."

슈바이처가 토토의 손을 잡아 이끌었어. 가만, 어디서 만났더라? 아주 익숙한 얼굴이 보였어.

"응? 이 아저씨는?"

"어디선가 본 아저씨지? 루이 파스퇴르야."

"아하하! 나 유제품 이름으로 들어 봤어. 요구르트가 몸에 좋다더니 사실인가 봐. 요구르트가 의학적으로도 중요하다는 뜻인가?"

"하하하! 파스퇴르는 원래 화학자였어. 발효를 연구했지."

토토가 한껏 들뜬 목소리로 대꾸했어.

"발효? 발효라면 나도 알아. 된장, 고추장, 김치! 발효 음식!"

"맞았어. 맥주나 와인 같은 술이 발효를 통해 만들어진다는 사실을 밝힌 사람이 바로 파스퇴르야."

"여기 또 어떤 이야기가 숨어 있는 거야?"

토토가 침을 꼴깍 삼켰어.

"프랑스가 와인의 나라라는 건 이미 잘 알지?"

토토가 고개를 끄덕였어. 슈바이처가 말을 이었어.

"파스퇴르와 가까이 지내던 와인 양조장 사람들이 몰려와서는 저마다 하소연을 늘어놓았어. 술이 빨리 상하는 바람에 버리게 됐다고 말이야."

"그랬더니?"

"파스퇴르는 와인이 효모에 의해 만들어진다는 사실을 알아차려. 발효

미생물학의 아버지 루이 파스퇴르(1822~1895)

과정 중에 다른 세균이 들어가면 와인이 상한다는 사실도 알아냈지. 술을 끓이면 세균이 죽는다는 것도 알게 됐고."

토토가 대꾸했어.

"파스퇴르 아저씨는 척척 해결사였나 봐."

"하하하! 그럴지도? 파스퇴르는 거기에 만족하지 않고 더 연구했어."

"어떤 걸 연구했어?"

"술을 상하게 하는 해로운 세균만 죽이고, 술을 만드는 효모는 살리는 적당한 온도를 연구하기 시작했지."

"나라면 먼젓번 문제 해결하고 나서는 그만일 텐데, 온도까지 궁금해하다니 과학자의 호기심은 정말이지 끝이 없구나."

토토가 감탄하더니 대뜸 물었어.

"그 온도가 몇 도야?"

"그 온도가 궁금해지는 거 보니, 토토의 호기심도 꽤나 끈질긴 편인데?"

"아이참, 놀리지 말고!"

"하하하! 파스퇴르는 와인을 50~60도로 잠깐 끓이면 술을 상하게 하는 미생물만 죽인다는 사실을 발견했어."

토토가 눈을 크게 떴어.

"온도가 너무 낮은 거 아냐? 팔팔 끓으려면 100도 정도 되어야 하지 않을까?"

"저온 살균법이라고 들어 봤지? 우리가 지금 마시는 우유는 살균 과정을 거친 뒤 판매되고 있는 거야. 이 과정이 없었을 때에는 소를 직접 키우

---

### 슈바이처의 고양이가 들려주는
## 세균·바이러스 이야기

세균과 바이러스 어떻게 다를까? 라틴어로 박테리아(bacteria)라고 부르는 세균은 독립된 단세포 생물로 스스로 살아갈 수 있어. 세균이 서식할 수 있는 환경이 갖춰진 상태에서 먹이만 공급된다면 번식까지 가능하지.

세균과 달리 바이러스는 숙주 없이는 스스로 증식하지 못해. 바이러스가 DNA와 RNA 같은 핵산과 단백질로 이루어진 구조라서 스스로 에너지와 유기물을 만들지 못하거든.

식중독, 콜레라, 파상풍, 결핵 등은 세균이 주로 일으키는 질병이고, 인플루엔자, 메르스, 코로나바이러스 등은 바이러스를 통해 감염되는 병이야. 바이러스 대부분은 숙주의 몸을 떠나 시간이 흐르면 죽어 없어져.

는 사람만 우유를 마실 수 있었어. 우유를 짤 때 소의 젖이나 사람 손에서 생긴 세균이 우유에 들어가 시간이 지나면 세균이 증식하니까."

"나 우유 엄청 좋아하는데, 젖소를 키우지 않았으면 먹어 보지도 못했겠네."

"세균이 많이 증식된 우유를 마시면 금방 탈이 났으니까 지금처럼 마시기는 힘들었을 거야."

토토가 안도의 한숨을 내쉬었어. 슈바이처가 말을 덧붙였어.

"파스퇴르는 발효가 미생물의 작용이라는 걸 밝혀냈어."

"그래서 유제품에 파스퇴르 아저씨 얼굴이랑 이름이 그렇게 자주 보이는구나."

"파스퇴르는 거기서 더 나아가."

토토가 주위를 두리번거렸어.

"어디로?"

"세균 때문에 병이 생길 수 있다고 생각했지."

"이야!"

토토는 만세라도 부를 기세였어.

"사람들은 세균 때문에 병이 생길 수 있다는 생각을 여전히 의심스러워

실험에 몰두하고 있는 파스퇴르의 모습. 레이우엔훅이 현미경으로 미생물의 존재를 알렸다면 파스퇴르는 미생물의 작용을 밝혀냈다.

했지만, 파스퇴르는 달랐어."

크루아상을 쥐고 있던 토토의 손에 땀이 다 났어.

"파스퇴르 아저씨가 어떤 발견을 이루었을지, 정말 기대돼."

"파스퇴르는 콜레라에 걸린 닭을 연구하면서 그 실마리를 찾았어."

"콜레라에 걸린 닭?"

슈바이처는 고개를 끄덕였어.

"닭 콜레라는 농장에 있던 닭을 모조리 죽이는 무서운 병이야. 파스퇴르는 콜레라의 병원균을 시험관 안에 키우고 있었어. 여름휴가를 마치고 연구실에 돌아와서는 그 병원균을 닭한테 주사했지."

"닭한테?"

"응. 어떤 일이 일어났을까?"

"병원균을 맞은 닭이라니 당연히 병에 걸렸겠지. 잔인해."

"그런데 닭은 멀쩡했어."

"균을 주사했는데 멀쩡했다고?"

"그랬는데도, 놀랍게도 멀쩡한 거야."

"수상한 일이야."

"파스퇴르는 여기서 힌트를 얻어. 그래서 실험을 해 보기로 마음먹지."

"어떤 실험?"

"닭에게 배양균을 주사한 다음, 콜레라균을 다시 주사했어."

"아, 닭이 불쌍해. 다들 죽었을 거잖아!"

"그런데 말입니다~ 신기하게도 모두 무사했어. 배양하다 방치해 둔 콜레라균이 오히려 병을 예방하는 효과를 낳았던 거야."

토토가 손뼉을 쳤어!

"정말 신기해."

"이런 걸 면역이 생겼다고 하는 거야. 세상을 뒤흔드는 엄청난 발견이었지. 잠시 내버려 둔 사이에 콜레라균이 약화된 건데, 이처럼 힘이 약해진 균을 미리 집어넣어서 병을 막는 걸 백신(vaccine)이라고 해."

"백신은 나도 들어 봤어."

"그래, 백신은 파스퇴르가 쓴 말이야. 예방 접종이라는 뜻으로 이해하면 쉬울 거야. 미리 세균을 주사 맞아 병을 예방하는 것!"

"아아아! 주사 맞는 거!"

설명을 잘 듣고 있던 토토가 갑자기 손사래 치는 바람에 슈바이처는 까르르 웃음을 터뜨렸어. 파스퇴르에서 백신까지 이어진 기나긴 이야기 듣느라 잘 먹지도 못했을 거라 짐작한 슈바이처는 토토를 챙겨 주려 살폈어. 하지만 다시 웃음을 터뜨릴 수밖에 없었어. 토토는 이미 크루아상과 요구르트를 싹싹 비우고 소화까지 다 시켜 버린 뒤였거든. 닭 콜레라 이야기 들으면서도 양념치킨 먹고 싶다고 생각한 토토니까, 뭐.

# 코흐의 혼잣말 인터뷰

Heinrich Hermann Robert Koch

1843 ~ 1910

파스퇴르가 세균이 병을 일으킨다는 사실과 약화된 세균을 이용한 질병 예방법을 알아냈다면, 나, 세균학의 창시자 코흐는 특정 세균이 특정 질병을 일으킨다는 사실을 증명했지.

나는 세균이 어떤 양분을 먹고 자라는지 연구해 시험관에서 균을 키웠어. 그다음, 세균을 염색해 현미경으로 관찰하고 사진을 찍었어. 그제서야 사람들이 작은 세균 때문에 아플 수 있구나 실감할 수 있었지.

나는 세균이 병을 일으킨다는 것을 증명하기 위해 이렇게 했어.

1. 병을 앓는 환자에게서 세균을 뽑아내.
2. 그 세균을 분리해서 시험관에서 키우지.
3. 세균을 동물에게 주사해 병을 일으켜.
4. 감염된 동물에게서 다시 그 세균을 분리해.

이 방법을 내 이름을 따서 '코흐의 4원칙'이라고도 해. 이 원칙은 지금도 세균학에서 중요하게 다루고 있어. 덕분에 나, 코흐는 병을 일으키는 세균을 밝혀낼 수 있었지. 특히 결핵균을 발견한 성과로 노벨 의학상까지 거머쥐었단다.

## 세상을 뒤흔든 질병 ②
# 콜레라

콜레라는 소화기 계통에 생기는 무서운 병이야. 콜레라에 걸리면 계속되는 설사로 몸속 수분이 빠져나가 의식을 잃을 수 있어, 신속하게 치료받지 않으면 심지어 죽을 수도 있지. 콜레라는 19세기에 전 세계적으로 유행하면서 많은 사람들의 목숨을 앗아 갔어.

콜레라는 인도 갠지스강의 풍토병으로, 그전에는 인도 말고는 다른 국가에서 유행을 일으킨 적은 없었어. 하지만 18세기 말, 영국이 인도를 지배하기 시작하면서 상황이 달라졌지. 인도에 주둔한 영국군 병사 수천 명이 콜레라에 감염되면서 콜레라균이 널리 퍼졌고, 대유행이 여러 차례 발생했어.

콜레라의 원인을 밝힌 사람은 영국 의사 존 스노야. 존 스노는 외과 의사였는데, 에테르와 클로로포름을 이용한 마취 실력으로 무척 유명했어. 하지만 그를 더 돋보이게 하는 업적은 다른 데 있어.

존 스노가 살던 1840년대 말 영국 런던은 콜레라가 심각한 상황이었어. 당시 사람들은 콜레라가 미아스마(miasma)라는 나쁜 공기를 통해 옮긴다고 생각했는데, 존 스노는 달랐어. 그는 환자가 가장 많이 발생한 브로드 거리를 집중해서 살폈어.

공중 보건학의 아버지 존 스노(1813~1858)

존 스노가 살던 19세기 유럽에는 아직 상하수도가 정비되어 있지 않았어. 염소 소독은 실시되지 않았고, 하수 처리 시설도 없었지. 거리는 오염된 쓰레기와 똥물로 가득했어. 강으로 배설물을 내보내는 하수구 옆에 우물이 있고, 사람들은 정수되지 않은 오염된 물을 대수롭지 않게 마셨어. 존 스노는 꼼꼼한 관찰 끝에 사람들이 오염된 물을 마신 뒤 콜레라를 앓게 되었을지도 모른다는 가설을 세워. 그는 집집마다 다니며 콜레라 감염 지도를 그려 나갔어. 런던에 식수를 제공하는 회사의 자료를 조사한 뒤 사람들을 설득해 브로드 거리의 수도 펌프를 뽑아 버렸어. 그랬더니 기적처럼 콜레라 환자의 수가 급속히 줄어들었어.

존 스노가 콜레라 연구를 통해 눈부신 성과를 이룬 부분은 역학과 공중 보건 분야야. 역학은 전염병이 일어난 원인과 경로, 특성 등을 밝히는 일이야. 역학 조사를 토대로 삼아 합리적인 해결책을 만들 수 있지. 사회적 노력을 통하여 질병을 예방하고 모두의 건강을 유지하고 증진시키기 위한 공중 보건도 존 스노를 계기로 더욱 중요하게 다루어졌어.

콜레라균을 처음 발견한 건 코흐야. 19세기 후반은 우리가 이미 앞에서 만난 파스퇴르와 코흐로 대표되는 세균학자들의 전성기였어. 그 당시 전 세계적으로 유행하던 콜레라균을 찾기 위해 파스퇴르와 코흐가 뛰어드는 것은 당연한 일이었지. 코흐는 콜레라가 유행하는 곳을 직접 돌아다니면서 연구에 몰두한 끝에, 1883년 콜레라를 일으키는 세균인 콜레라균을 찾아냈어. 이로써 존 스노의 주장이 과학적으로 증명되었지.

콜레라는 항생제와 적절한 수분을 공급하면 치료할 수 있어. 손을 자주 씻고, 깨끗한 물로 음식물을 씻고, 정수되거나 끓인 물을 마시면 막을 수 있어. 그렇지만 지금도 여전히 인류를 괴롭히고 있어. 아직도 깨끗한 물을 마시기 힘들고, 위생이 좋지 못한 곳에서 살아야 하는 많은 사람들이 있어서야. 콜레라를 극복하기 위해서는 우리 모두의 지속적인 관심이 필요해.

## 기술과 의학

# 기술의 발달과 의학의 눈부신 발전

현미경과 엑스선, 청진기와 주사기 등 지금은 친숙한 여러 의료 기기들.
기술의 발전이 곧 의학의 발전이라 말할 수는 없겠지만,
다른 과학 기술의 발전이 의학의 발전을 이끌어 내기 시작한 것은 분명해.
기술의 발달로 우리가 얼마나 더 건강하게 지낼 수 있게 되었는지 살펴보자.

엑스선과 진단
# 뼈도 뚫는 놀라운 빛

"슈바이처, 좋은 아침이야!"

기지개를 켜며 토토가 슈바이처를 찾았어.

"구텐 모르겐!"

슈바이처는 낯선 인사말을 건넸어. 토토가 가방 안에 있던 지도를 꺼내 펼쳤어.

"그건 또 어느 나라 말이야? 우리 이번엔 또 어디로 온 거야? 그리스, 이탈리아, 프랑스 거쳤으니 스페인인가?"

토토의 말에 슈바이처가 두 팔로 엑스 자를 그었어.

"땡! 틀렸지롱."

"음, 그럼 요들송 부르는 경치 좋은 스위스 같은 곳이려나?"

슈바이처가 단호하게 대답했어.

"엑스!"

토토는 조금 풀 죽은 목소리로 투덜거렸어.

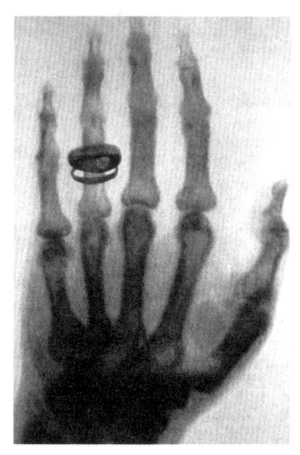

뢴트겐이 엑스선으로 찍은 아내 베르타의 반지를 낀 손과 뢴트겐의 모습

"여긴 도대체 어디야? 연구실 같기는 한데."

슈바이처가 친절하게 대꾸했어.

"이번 여행지는 바로 독일이야. 아주 흥미로운 사진을 보러 왔지."

슈바이처는 말이 끝나기가 무섭게 스윽 사진 한 장을 내밀었어. 토토가 비명을 지르며 뒤로 물러났어.

"이 뼈 손 뭐야?"

"뼈 손? 큭큭큭."

슈바이처는 터져 나오는 웃음을 간신히 참았어. 그러고는 말을 이었지.

"아까 내가 그렇게 힌트를 줬는데도, 토토는 아예 눈치를 못 채더라. 내 두 팔로 '엑스' 자를 그렸고, 네 답에 '엑스'라고 대답했어. 아까 본 건 엑스선 사진. 이 광선을 발명한 빌헬름 뢴트겐이 아내의 반지 낀 손을 엑스선으로 촬영한 거야."

"뢴트겐? 엑스선은 들어 봤어."

"응, 빛 같은 것이 책도, 뼈도 뚫고 지나간 걸 우연히 발견한 사람이 바로 뢴트겐이야. 뢴트겐이 발견한 이 선은 부러진 뼈도, 몸에 박힌 총알도, 무시무시한 암 덩어리도 찾아낼 수 있지. 뢴트겐은 엑스선을 발견한 덕분에 최초로 노벨 물리학상을 받았어."

토토가 갑자기 눈을 반짝이며 물었어.

# 뢴트겐의 혼잣말 인터뷰

Wilhelm Conrad Röntgen

1845 ~ 1923

　엑스선을 처음 발견한 나, 뢴트겐은 1895년, 공기가 없는 진공관에 전기를 흐르게 하면 어떤 빛이 나오는지를 연구하고 있었어. 그러던 어느 날, 예전에 보지 못했던 빛이 나오는 거야. 이 빛의 정체를 몰라 엑스선(X-ray)이라고 이름 붙였어. 수학에서 모르는 것을 영어 'X'로 표현하는데, 그 X를 쓴 거지.

　나, 뢴트겐은 엑스선이 종이나 고무, 유리 등을 통과한다는 사실을 알아냈어. 반면 금속이나 뼈는 통과하지 못한다는 사실도 알아냈어. 어딘가에 꼭 쓸모가 있을 거라 생각한 나는 집으로 돌아와 아내 베르타에게 이야기했어.

　"신기하고 이상한 빛을 발견했어. 당신한테 먼저 보여 주고 싶어."

　나는 실험실로 데려가 아내의 오른손을 엑스선으로 찍었어. 베르타는 깜짝 놀랐어. 손뼈는 물론이고 결혼반지까지 그대로 볼 수 있었거든. 나는 곧장 연구 결과를 논문으로 발표했어. 의사들이 엑스선을 도입해서 환자를 진찰하기 시작했어.

　엑스선은 널리 사용하는 진단법으로 자리 잡았고, 지금은 근육과 심장까지도 검사할 수 있어. 몸의 구조를 3차원적으로도 볼 수 있고, 머리뼈, 장기, 혈관들도 볼 수 있는 기술 덕분에 좀 더 편리하게 병을 진단할 수 있게 되었지. 요즘은 부작용을 최소화하며 쓰고 있어.

　나, 뢴트겐의 엑스선 발견은 전자의 발견이나 방사능의 발견과 함께 20세기 새로운 과학의 시대를 연 사건으로 평가받고 있어. 나, 뢴트겐은 1901년 세계 최초로 노벨 물리학상을 받았어. 그리고 하나 더, 나, 뢴트겐은 엑스선의 특허 등록을 하는 대신 관련된 모든 기술을 세상에 공개했어.

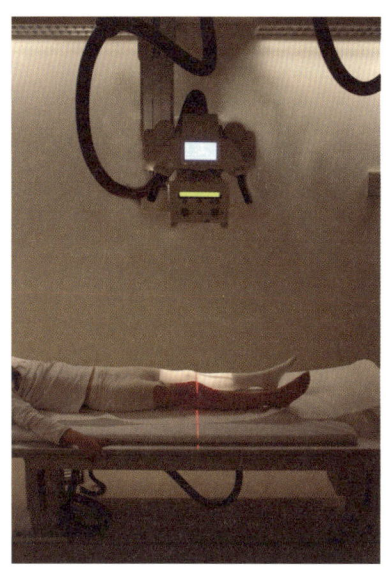

수준 높은 기술의 발전으로 우리 몸속을 세심하게 살필 수 있는 진단 도구가 다양하게 발명되었다.

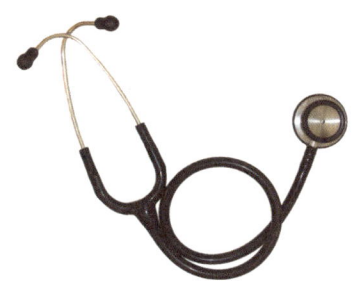

두드리는 타진에서 듣는 청진으로. 청진기의 발명도 의사들의 진단을 도운 획기적인 변화 가운데 하나였다.

"뢴트겐 이야기 재미있다. 그런데 엑스선이 발견되지 않았을 때까지 의사들은 어떻게 환자를 진찰해 왔던 거야?"

슈바이처가 환하게 웃으며 대답했어.

"진단에 대해 묻는 거구나. 의사들은 예나 지금이나 환자가 진료실에 들어올 때 걸음걸이부터 안색이나 표정까지 세심하게 눈여겨본단다. 진단의 기본이지."

"진단의 기본?"

"그래, 환자의 상태를 먼저 자세히 관찰하는 데에서부터 진단을 시작해."

"학교 마치고 가면 엄마가 귀신같이 내 기분을 알아맞히는 것처럼?"

"그래, 의사들도 마찬가지야. 환자가 불편하거나 아프다고 하는 곳부터 유심히 관찰할 거야. 아주 오래전부터 의사들이 해 왔던 고전적인 진단 방법이지."

토토는 조금 실망스러운 듯 덧붙였어.

"그거 말고는 없어?"

"왜 없겠어! 생전 병원 안 가 본 사람처럼 굴다니 의외야. 청진기 본 적 있지?"

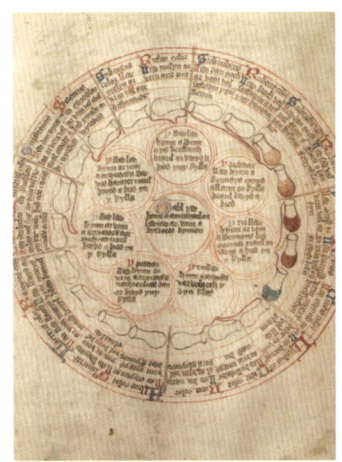 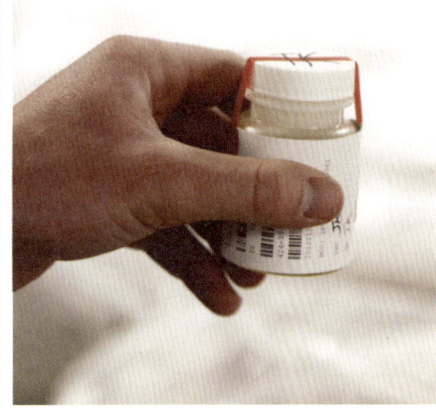

중세 시대의 소변 차트와 현대 오줌 검사.
환자의 상태를 가늠하기 위한 다양한 진단 방법 가운데 하나이다.

토토가 대답했어.

"당연하지."

"기구를 이용하고 검사하는 방법도 있어. 기술의 발전에 따라 의학도 함께 발전해 왔어. 히포크라테스나 갈레노스 시대에는 소변 검사도 굉장히 중요했어. 그 시대 의사들은 소변의 색을 살피고, 냄새를 맡고, 심지어 맛을 보기도 했다고."

"으악, 맛까지 봤다고? 어떻게 그래!"

---

### 슈바이처의 고양이가 들려주는
# 체온계 이야기

아프면 열이 난다는 사실은 오래전부터 다들 알고 있었지만, 열의 온도는 그로부터 한참 뒤에야 잴 수 있게 되었어. 맨 처음 시도한 사람이 바로 갈릴레오 갈릴레이였지. 그래, 온도계의 발명 이야기야. 갈릴레이가 가르치던 학생이 이런 질문을 했다고 해.
"선생님, 사람이 병에 걸리면 체온이 올라가는데, 체온을 잴 수 있는 도구가 있다면 정확한 진찰을 할 수 있지 않을까요?"
갈릴레이는 고민했지만 좋은 생각이 퍼뜩 떠오르지는 않았는데, 어느 날 갈릴레이가 수업 중에 학생에게 질문을 던졌어.
"물은 온도가 올라가면 왜 위로 올라갈까?"
"온도가 올라가면서 물이 팽창해 위로 올라가기 때문입니다."
학생의 대답에서 영감을 떠올린 갈릴레이는 유리관에 물을 채운 다음 물이 올라가는 눈금을 측정해서 온도를 잴 수 있었다고 해. 하지만 갈릴레이가 고안한 온도계는 환자를 진찰하는 데에는 사용되지 못했고, 그로부터 100년이 지나 환자를 진찰하는 체온계가 처음 나타났어. 그전까지 의사는 주관적인 느낌으로 환자의 체온을 가늠했는데, 체온계가 발명된 뒤로 정확하게 측정할 수 있게 되었지. 덕분에 세심하고 적절한 치료가 가능해졌어.

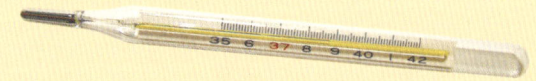

1868년에 분더리히는 2만 5000명의 체온을 측정한 다음 보통 사람의 체온 정상치는 36.5~37.5도라고 발표하기도 했지.
예전에는 겨드랑이에서 체온을 쟀지만, 지금은 비접촉식 체온계도 두루 사용되고 있어. 그사이 체온계의 모양도 많이 달라졌지. 예전에는 기다란 유리 막대기 모양의 체온계를 썼지만, 지금은 적외선을 이용한 총 모양 체온계를 써. 예전 체온계보다 더 정확하고, 직접 몸에 도구가 닿지 않으니까 위생적이기도 하지.

"지금은 기계로 검사하니까 맛보지는 않아. 소변 검사는 의사가 해 왔던 가장 오래된 진단법 가운데 하나야."

## 라에네크의 혼잣말 인터뷰

René-Théophile-Hyacinthe Laënnec

1781 ~ 1826

청진기는 엑스선보다 80년 앞서서 발명되었어. 나, 라에네크가 만들었지. 심장병이 예측되는 젊은 여성 비만 환자를 진찰하게 된 어느 날이었어. 내가 살던 당시에는 환자의 심장 소리를 들으려면 의사의 귀를 환자의 가슴에 대고 들었어.

환자의 심장 소리가 잘 들리지 않아 궁리 끝에 종이를 통으로 말았는데, 놀랍게도 또렷이 들리는 거야. 그 후 2년 동안 병원 환자들을 대상으로 이 소리를 해석하는 연구를 진행했어. 지금도 의사들은 내가 이때 연구했던 소리를 기준으로 환자를 진단하고 있어.

나, 라에네크는 환자에게 예의를 갖추면서도 위생적인 기구를 개발했지. 나는 공책을 말아 양 끝을 종이와 실로 단단하게 봉하고는 청진기라고 이름 붙였어. 현재 의사들은 부드러운 고무로 만들어진 청진기를 쓰는데, 내가 만든 것을 개량해 정밀하고 편리하게 만든 거야.

나, 라에네크는 환자를 청진하여 여러 음을 기록하고 이러한 음이 어떠어떠한 병에서 나오는지 알아냈어. 사실 나는 청진법을 전해서 중요하다기보다, 살아 있는 사람의 몸에서 일어나는 변화에 주목한 태도 때문에 뜻깊은 인물이 되었다고 생각해.

제자들 앞에서 진료하는 라에네크의 모습

### 슈바이처의 고양이가 들려주는
# 주사기 이야기

주삿바늘은 19세기 중반에 처음 만들어졌어. 주삿바늘에 약을 넣으려면 약물을 밀어 넣는 주사기가 필요해. 주사기도 19세기 중반에 만들어졌어. 샤를 프라바즈라는 의사가 주삿바늘에 약을 넣는 기구를 만들려고 애썼지만, 딱히 뾰족한 방법이 떠오르지 않았어. 그러던 어느 날, 아이들이 물총을 가지고 노는 모습을 보고 힌트를 얻었어.
'그래, 몸통과 피스톤만 있으면 약을 바늘을 통해 직접 투여할 수 있겠다.'

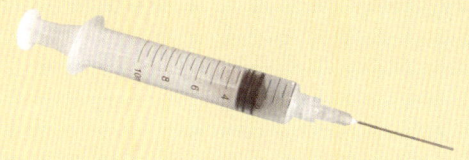

프라바즈는 연구를 거듭한 끝에 1853년, 드디어 주사기를 만들었어. 프라바즈가 발명한 주사기 덕분에 약을 먹는 데 어려움을 겪던 환자들도 치료를 받을 수 있게 되었지.
그런데 프라바즈가 만든 주사기는 은으로 만들어진 탓에 가격이 너무 비쌌어. 평범한 사람들이 사용하기에는 부담스러웠지. 그 후 유리 주사기가 만들어지면서 문턱이 낮아졌고, 지금은 유리보다 훨씬 가볍고 편리한 플라스틱 주사기를 주로 써. 또 휴대하기 좋은 펜 모양 주사기도 있어. 요즘은 당뇨병 환자들이 스스로 인슐린 주사를 놓을 수 있게 되었지. 도구의 발전이 의학의 질을 높여 준 좋은 예가 아니겠니?

페니실린의 발견
# 푸른곰팡이가 일으킨 기적

　이번 여행지는 영국. 독일에서 곧바로 옮겨 온 일정이 힘들었는지, 토토는 슈바이처와 처음 만났던 때처럼 콧물 질질, 기침 콜록 난리도 아니었어. 슈바이처는 걱정스레 토토를 살피며, 약을 살뜰히 챙겨 주었어.

"에취! 슈바이처, 나는 있지."

"말해 봐."

"약 먹는 게 정말 싫어."

"하하하! 이렇게 툴툴댈 수 있을 정도면 꽤 좋아진 거 같은데, 토토."

"약을 꼭 먹어야 할까?"

"병원에 가는 이유가 뭐야? 병을 낫게 해 달라는 뜻이잖아. 의사는 여러 방법으로 환자를 치료해 왔어. 수술도 있고, 약도 있고, 기도도 있고, 잘 먹고 잘 쉬라는 처방도 있었지. 물리 치료나 재활 치료도 있어. 그외에 아주 다양한 방법이 있지만, 아무래도 가장 많이 쓰는 게 바로 약을 처방하는 것과 수술이야."

"그래도 맛없는 약 먹는 게 정말 힘들어."

"약이 조금만 맛있었어도 간식 먹듯 먹었을 텐데, 우리 토토!"

토토는 쓴 약을 삼키며, 담요를 뒤집어썼어.

"오늘 우리 괜찮을까? 여행에는 충분한 휴식도 꼭 필요해. 너무 무리하지 말자."

슈바이처의 제안에 토토가 대꾸했어.

"응, 쉬는 것도 좋아. 하지만 하루하루 아까운 여행이니까 이렇게 쉬면서 질문할게. 그래도 되지?"

슈바이처가 환하게 웃었어.

"그러지 뭐. 궁금한 게 뭐야?"

토토는 코를 훌쩍이며 말했어.

"먼 옛날에는 맛없는 약을 먹는 대신 어떻게 치료했는지 궁금해."

"우리 다시 히포크라테스 시대부터 짚어 볼까? 히포크라테스의 책에는 300가지 이상의 약물이 소개되어 있어. 대부분 식물에서 얻는 거였지. 히포크라테스는 자연스레 낫는 걸 바람직하다고 보았어. 의사의 처방이 오히려 해로울 수 있다고 생각했지. 적어도 치료가 지나쳐 생기는 부작용은 만들지 말라고 했어."

"히포크라테스가 나왔으니 갈레노스도 나올 거 같아."

"하하, 토토 정말 못 말리겠네. 갈레노스도 식물을 약으로 처방했지. 약이 되는 식물을 약초라고 하잖아. 병원에서 약초를 재배하는 농장을 같이

## 파라셀수스의 혼잣말 인터뷰

Philippus Aureolus
Paracelsus

1493 ~ 1541

고대에서 중세로 이어진 그리스 의학의 전통을 부수고 새로운 의학 전통을 세운 나, 파라셀수스는 화학 공정을 통해 약을 맨 처음 만들었어. 나는 아버지를 따라다니며 환자와 질병을 숱하게 살피고 관찰했어. 이탈리아에서 의학을 공부했는데, 체액의 균형을 중요하게 여긴 갈레노스의 이론에 동의하지 않았어. 나는 모든 질병이 외부 문제로 생긴다고 생각했어. 광물이나 별에서 나오는 독성 물질이 사람의 건강을 해친다고 믿었지. 그래서 나, 파라셀수스는 실험실에서 새로운 약을 만들며 연구를 거듭했어. 직접 실험해 보지 않은 것은 모두 의심하고, 오직 나의 경험만을 믿었지.

나, 파라셀수스는 질병을 다스리는 약이 자연 속에 숨어 있다고 생각했어. 그래서 자연에서 치료약을 추출했지. 내가 살던 시대에는 연금술이 유행했어. 연금술이란 금과 같은 금속을 만드는 화학 기술을 뜻해. 나는 연금술사로도 활동했어. 화학 실험을 통해 나는 황, 수은, 소금 등 세 성분이 병을 치료하는 약으로 쓰일 수 있다고 확신했어. 내 생각에 황, 수은, 소금은 기체, 액체, 고체를 대표하는 물질이야.

솔직히 고백하자면 나도 결국 갈레노스의 치료법을 뛰어넘은 건 아니야. 내가 만든 약은 효과가 크지 않았어. 하지만, 내가 화학적으로 약을 만들고자 기울였던 노력은 훗날 약을 개발하는 방향을 제시했다고 할 수 있어. 그래서 나, 파라셀수스를 현대 약리학의 아버지라고 불러.

연금술사의 방. 연금술사 하인리히 쿤라드의
실험실 풍경을 담은 그림(1595)

운영하는 경우가 많았어. 이런 전통은 1900년대까지 계속돼."

"내가 먹는 쓴 약도 식물로 만들어진 거야?"

"아니, 요즘 약은 대부분 제약 공장에서 만들어. 이 약들도 처음에는 식물에서 성분을 뽑아낸 것들이었는데, 지금은 화학적으로 만들지."

"화학적으로 만든다고?"

"화학 공정을 통해 약을 만든다는 건데, 말이 좀 어렵게 느껴지지?"

토토가 갑작스레 자리에서 일어나더니 콧물을 훌쩍였어. 그러더니 다시 여행을 시작하자고 졸랐어. 슈바이처는 조심스레 토토를 살폈어.

"토토, 네 콧물을 보니까 되게 재미있는 이야기를 들려주고 싶어. 자, 이 접시에 똑 떨어진 네 콧물 보이니?"

"놀리지 마."

"하하하. 토토, 항생제★ 중 가장 유명한 게 뭘까?"

"글쎄. 뭔데?"

"페니실린이야!"

"페니실린?"

"페니실린을 처음 발견한 사람은 알렉산더 플레밍이야. 플레밍은 평소 미생물이 자라지 못하게 하는 데 관심이 있었어. 어느 날, 세균을 키우는 배양 접시를 살피다가 콧물이 접시에 떨어지는 역사적인 순간을 맞이해."

"응? 역사적인 순간? 다 된 죽에 코 빠뜨린 것 같은데?"

토토는 자꾸만 코를 훌쩍였어.

★ 항생제
미생물이 만들어 내는 물질로 된 약제로, 다른 미생물의 성장이나 생명을 선택적으로 막는다.

"토토, 잘 들어 봐. 세균을 배양하던 접시에 콧물이 떨어졌어. 너라면 어떻게 했을까?"

"당연히 버려야지."

"그런데 플레밍은 접시를 버리는 대신 찬찬히 관찰했어. 신기하게도 콧물이 떨어진 자리에 세균이 생기지 않았지. 콧물이 들어 있는 성분 가운데 세균을 죽이는 물질이 뭘까 밝혀낸 다음 이 물질이 세균 치료에 효과가 있을까 연구하지만, 그런 효과는 없었어. 새로운 항생제를 찾던 플레밍에게 또 다른 행운이 찾아왔지."

"또 다른 행운?"

"세균을 키우고 있던 접시를 살피다가 푸른곰팡이에 오염된 접시를 발견했어. 신기하게도 푸른곰팡이가 있는 곳에는 균이 모두 죽어 있는 거야. 플레밍은 푸른곰팡이를 모아서 키운 다음 다시 세균과 같이 자라도록 해 봤어. 이번에도 푸른곰팡이가 있는 곳에서는 세균이 자라지 못했어. 푸른곰팡이의 이름은 페니실리움! 여기서 뽑아낸 물질이라 페니실린이라고 이름 붙였지. 우연히 발견한 페니실린을 10년 넘게 꾸준히 연구해 의약품으로 개발해. 순수한 페니실린만을 분리해서 드디어 약으로 사용하게 되었어. 드디어 1941년, 처음으로 페니실린이 환자에게 투여되지."

잠시 동안 아무런 소리도 들리지 않았어. 설명에 취해 있던 슈바이처가 그제야 토토를 살폈어. ZZZ

"토토, 왜 아무 말이 없는 거야?"

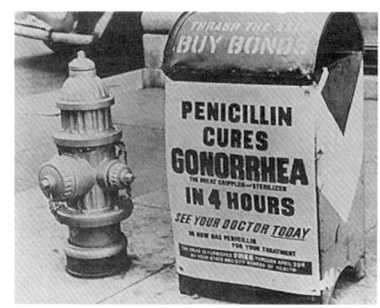

연구에 집중하고 있는 알렉산더 플레밍(1881~1955)의 모습과 페니실린 광고지

### 슈바이처의 고양이가 들려주는
## 페니실린 이야기

페니실린을 처음으로 맞은 환자는 영국 경찰관 앨버트 알렉산더야. 앨버트는 장미나무 가시에 얼굴을 심하게 긁혔는데, 상처 부위에 고름이 나오고, 얼굴이 엉망이 되었어. 고름이 가득 찬 왼쪽 눈은 결국 제거해야 했어. 안타깝게도 오른쪽 눈도 곧 위험해졌어. 오른쪽 팔에서도 고름이 나오고, 앨버트가 기침할 때마다 노란 가래를 쏟아 냈어. 온몸에 세균이 퍼진 거야.

의사들은 갓 개발된 페니실린을 투여해 보기로 결정해. 정맥에 페니실린을 넣고 하루가 지나자, 열이 떨어지고 피부 고름도 줄어들었지. 앨버트는 의식도 되찾고 밥도 먹을 수 있을 만큼 건강을 회복했어. 마침내 피부 고름이 모두 사라지자 사람들은 이 항생제를 '마법의 탄환'이라고 불렀지.

그런데 치료 6일째 되던 날, 페니실린이 모두 바닥났어. 당시에는 페니실린을 만드는 데 엄청난 시간이 걸렸어. 앨버트는 다시 상태가 나빠졌고, 결국 한 달 뒤, 세상을 떠났어.

과학자들은 페니실린을 신속히 개발할 방법을 연구하기 시작했어. 제2차 세계 대전 시기, 노르망디 상륙 작전이 개시된 1944년 모든 연합군 부상자들을 치료할 수 있을 만큼 충분한 양의 페니실린을 드디어 만들어 냈지.

페니실린이 공장에서 대량 생산된 뒤, 다른 항생제들도 숱하게 개발되었어. 드디어 세균 감염으로 죽는 사람들이 아주 드물어진 시대가 온 거야.

---

토토는 코를 훌쩍댔어.

"집중해서 생각하느라 말을 할 수 없었어."

"감기약 먹은 뒤라 졸았던 거 같은데?"

토토는 머쓱한 표정으로 어깨를 한 번 으쓱했어.

"슈바이처, 부탁이 있어."

나른한 토토의 목소리에 슈바이처는 귀를 쫑긋 세웠어.

"말해 봐. 뭔데?"

"네 이야기를 자장가 삼아 듣고 싶어. 재미있는 이야기 계속해 줘."

슈바이처는 자리에 누운 토토에게 포근한 이불을 덮어 주었어.

"자장가로 삼겠다니! 좋아할 만한 칭찬인지, 세련된 비난인지 잘 모르겠네. 하하하! 좋아. 계속할게. 항생제의 발명이 현대 약리학의 첫 번째 혁명이라면, 두 번째 혁명은 코르티손의 개발이라 할 수 있어. 염증과 알레르기에 효과가 큰 호르몬인데, 스테로이드라고도 알려진 코르티손은 1949년 최초로 탄생하지."

"뭔가 엄청난 과학의 발전이 뒷받침된 것 같은 느낌이 들어."

토토의 목소리에 졸음이 묻어났어.

"그래. 미국에서 수년 동안 류머티즘 관절염으로 걷지 못하던 환자가 코르티손을 투여받고 나흘 뒤 쇼핑을 다닐 정도로 좋아졌어. 이 기적의 약은 류머티즘뿐만 아니라 알레르기 질환을 치료하는 데도 엄청난 효과가 있었어. 스테로이드 약의 효과가 세상에 알려지면서 세

상의 모든 질병이 곧 퇴치되고 의사들은 영영 사라질 거라고 말하는 사람들도 나타났지."

"관절염은 우리 할머니도 앓으셔서 고생하시는 병인데."

"그래, 항생제와 스테로이드 말고도 고혈압이나 당뇨병을 치료하는 무수히 많은 약들이 쏟아져 나왔지. 이제 치료하지 못할 병이 없는 것처럼 말이야."

"완전히 다 낫기는 어렵다는 뜻이야?"

"항생제가 만능이 아니라는 뜻이야. 스테로이드도 만능이 아니야. 부작용이 나타나기 시작했고. 히포크라테스의 지적처럼 같은 성분이라도 경우에 따라 약이 되기도 독이 되기도 한다는 사실을 기억해."

"사람의 몸이 신비로워 그런가, 의학 이야기도 들을수록 신비롭게 느껴지네."

"알아 갈수록 점점 더 그렇게 느껴질 거야."

잠시 뒤, 슈바이처와 토토는 드르렁드르렁 신비로운 잠의 세계에 빠져들었어.

# 제너의 혼잣말 인터뷰

Edward Jenner  1749 ~ 1823

나, 종두법의 창시자 제너. 천연두를 예방하는 백신을 제안했지. 백신이라는 용어를 처음 만든 사람은 파스퇴르이지만, 백신을 실제로 처음 만든 사람은 나, 제너야. 항생제라는 게 미생물의 번식을 억제하거나 죽여서 감염된 사람을 치료하는 거잖아. 그렇다면 병이 생긴 뒤에 치료하는 것보다는 생기기 전부터 미리 예방하면 더 좋지 않을까? 그래서 생긴 것이 바로 예방 접종이야.

사람들이 언제부터 예방 주사를 맞기 시작했을까? 18세기 영국에서 활동하던 나, 제너가 처음으로 시작했어. 내가 살던 당시 천연두는 무시무시한 병이었어. 천연두에 한 번 걸리면 3명 중 1명은 사망할 정도로 심각했지. 살아남아도 얼굴이 얽는 후유증이 생겼어.

그런데, 천연두와 비슷한 우두라는 병이 있었어. 우두는 소가 걸리는 병인데, 소의 젖을 짜는 사람들이 소가 앓는 우두에 옮고는 했어. 신기하게도 우두에 한 번 걸린 사람들은 평생 천연두에 걸리지 않았어. 면역이 생긴 거지. 나, 제너는 시골 목장을 돌아다니면서 우두를 앓았던 사람들을 조사하면서, 이런 사실을 실험을 통해 증명해 보이려 했지.

1796년 어느 날, 나, 제너는 우두를 앓는 환자의 고름을 제임스라는 여덟 살짜리 소년의 팔에 주사로 놓았어. 일주일 뒤 제임스는 겨드랑이 통증에 시달렸고, 이틀이 더 지나자 잠을 자지 못할 정도로 심한 두통에 시달렸어. 그런데 다음 날, 아무 일도 없었다는 듯 멀쩡해졌어.

나는 더욱 과감한 실험에 도전했지. 제임스의 팔에 천연두 환자의 고름을 접종한 거야. 자칫하면 제임스가 천연두에 걸려 죽을 수도 있는 위험한 도전이었어. 며칠 뒤 주사 맞은 자리에 물집이 생기기는 했지만, 제임스는 여전히 건강했어. 천연두에도 걸리지 않았어. 백신의 효과가 나타난 거야. 오해하지 말기. 백신은 치료제라기보다 예방 수단이야.

제너의 종두법을 둘러싼 논란을 보여 주는 만화. 우두를 이용한 종두 백신 때문에 환자들이 소로 변하는 모습을 그렸다.

5월 천연두가 지구상에서 완전히 사라졌다고 공식적으로 선언했어. 이제 천연두는 예방 접종도 아예 필요 없어. 이 세상에서 영영 사라졌다니까.

나, 제너의 접종법은 곧 세계 각지로 퍼졌고, 최초 접종 시기에서 83년 지난 뒤에는 대한민국에도 도입되었어. 이제 천연두는 없어. 세계보건기구(WHO)는 천연두 예방 접종 사업을 전 세계적으로 펼친 결과, 1980년

수술의 시작
# 마취와 소독이 중요해

토토는 꿈속에서도 슈바이처와 함께 바지런히 의학 여행 중이었어.

"슈바이처, 여긴 어디야? 분위기가 으스스해."

"미리 겁먹지 마. 오늘은 수술의 역사를 배울 거야."

"으악!"

"인류의 역사에서 가장 오래된 수술은 뭐였을까?"

"뭐였는데?"

"머리에 구멍을 내는 거."

"헷!"

"왜 그랬는지는 알 수 없어. 아시아나 유럽 여러 곳에서 생긴 수술인데, 문자가 없던 신석기 시대에 일어난 일이라서 말이야. 현대 의학에서는 머리에 피가 고이면 머리뼈에 구멍을 내고 피를 빼내. 그렇지만 그 당시에는 뇌출혈을 진단할 수 있는 기술이 없었을 텐데, 왜 그런 수술을 했을지 알 수 없어. 추측을 해 보자면, 아마도 머리가 아픈 사람들을 치료하느라?"

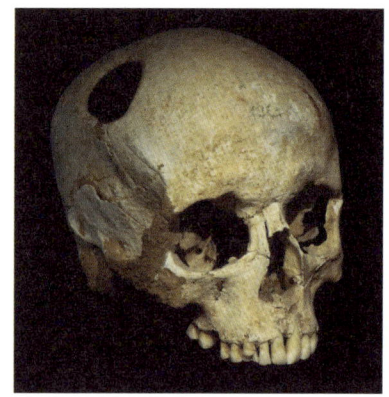

머리뼈에 구멍을 낸 수술의 흔적.
고대에도 뇌 수술이 시행되었다는
놀라운 증거

### 슈바이처의 고양이가 들려주는
# 수술 이야기

수술이란 치료를 위해 피부나 점막, 조직 등을 잘라 의학적인 처리를 하는 일을 말해. 히포크라테스도 피부를 칼로 절개하고 고름을 짜내거나, 폐에 고름이 찬 환자의 가슴에 구멍을 내서 고름을 빼내는 치료를 했지. 뼈가 부러진 환자를 치료할 때 부목을 댄다든지 현대 정형외과 의사들이 하는 치료법을 많이 개발했지. 갈레노스도 수술을 많이 했어. 복부 관통상, 코 용종, 하지 정맥류, 언청이 성형 수술, 신석기 시대부터 있었던 머리에 구멍을 내는 수술 등도 했지.

중세 시대에는 종교적인 의술이 강조되었어. 질병은 하늘이 내린 벌이었고, 치료는 신의 의지에 달린 것이니 수술은 해서는 안 되는 거였지. 환자들은 수도원에 가서 기도하고 참회해야 했어. 그래도 피부에 난 고름은 수도사들이 처치했어. 이것도 일종의 수술이야.

중세 유럽, 교황은 수도사들의 외과 시술을 금지하는 칙령을 내려. 그 후 수술은 외과 기술자나 이발사가 맡아. 여기저기 옮겨 다니며 이발도 하고 면도도 하면서, 이도 뽑고, 환자들의 고름을 빼 주기도 했어.

한편, 고대 인도에서 코 성형 수술의 기원을 찾을 수 있는데, 신의 규칙을 어기거나 죄를 짓거나, 전쟁의 포로가 되어 코를 베는 형벌을 받은 사람들이 사라진 코를 만드는 수술을 받았다고 해.

"그때는 신석기 시대였다며? 칼도 없었을 텐데?"
"엄청 논리적인 지적이야. 돌을 날카롭게 갈아 칼로 썼을 거야."

토토의 엄청난 잠꼬대에 결국 슈바이처와 슈바이처의 고양이는 잠을 깼어. 둘은 정성껏 간호하며, 토토의 곁을 지켰어.

토토는 여전히 꿈속에서 의학 여행을 다니고 있었어. 슈바이처와 다정히 대화를 나눴지.

"토토, 이발소 앞 빨간색, 파란색, 흰색 사선이 빙빙 돌아가는 기둥 본 적 있니?"

"응. 영화에서 봤어. 근데 그게 뭘 뜻하는 거야? 늘 궁금했어!"

"중세 유럽에서 시작된 거야. 빨간색은 동맥, 파란색은 정맥, 흰색은 붕대를 상징해. 중세 이발사들이 해부했다는 이야기 기억나지? 외과 의사 역할을 대신한 외과 기술자들이 했던 일을 색깔로 표시한 거야."

"응? 이건 지난 번 해부학 강의실에서?"

"그래, 오늘은 좀 더 나아가 볼까. 수술의 역사에서 꼭 알아야 할 의사가 중세 시대에서 르네상스 시대에 걸쳐 활동했던 파레야. 파레의 직업은

이발사 겸 외과 의사! 사람들은 파레를 수술의 아버지라고 불러."

"파레가 어떤 사람인지 궁금해. 만나 보고 싶어."

"말도 안 돼!"

버럭 소리를 지르면서 토토가 잠에서 깼어.

슈바이처는 토토를 지그시 바라보며 인사를 건넸어.

"토토, 잘 잤어?"

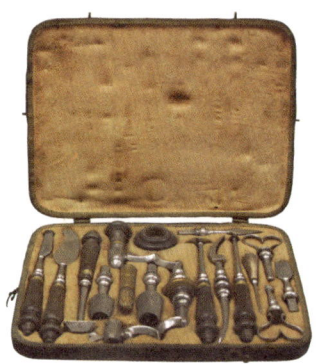

다양한 수술 도구

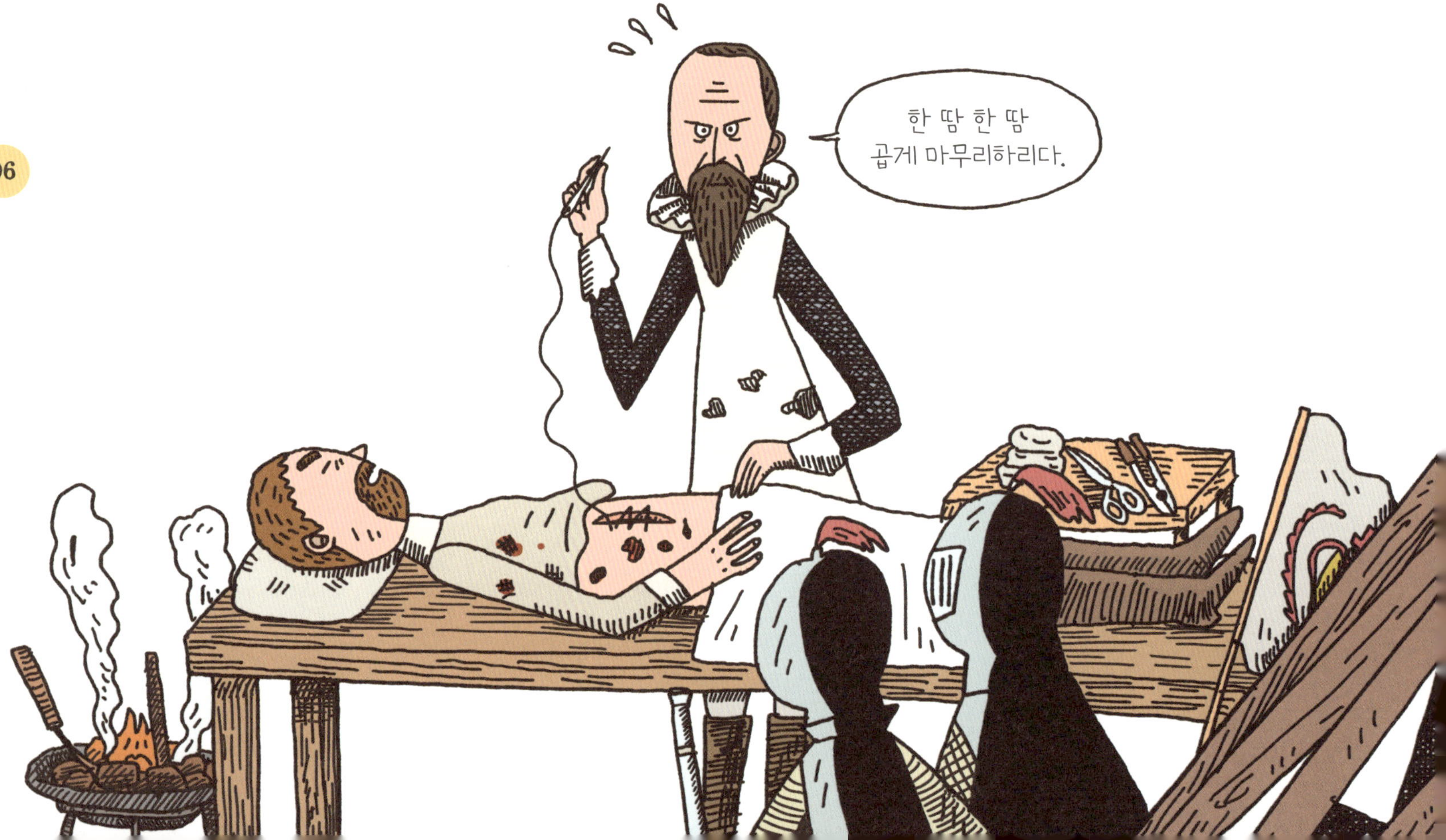

# 파레의 혼잣말 인터뷰

Ambroise Paré,
1510 ~ 1590

나, 근대 외과학의 아버지 파레는 어릴 때부터 이발사에게서 의술을 배웠어. 정규 학교를 다니지는 않았지만 일곱 살에 이미 토끼를 해부해 봤어. 파리의 병원에서 수술하는 법을 배워 전쟁터에서 부상당한 군인들을 치료하면서 유명해졌어.

당시에는 상처 난 부위에 뜨거운 기름을 부었어. 같은 방식으로 치료해 오던 어느 날, 환자들이 몰리면서 준비해 둔 기름이 다 떨어지자 난감했어. 새로운 생각이 떠올랐지. 나는 기름 대신 장미꽃과 소나무에서 얻은 기름과 달걀을 섞어 연고를 만들었어.

직접 만든 연고로 치료한 뒤 나빠지면 어쩌나 내내 불안했어. 다음날, 새로운 방식으로 치료한 환자들은 오히려 통증이 줄고, 상처에 염증이 생기거나 부어오르지도 않았어. 오히려 편히 잠들 수 있었다고 했지. 반면, 뜨거운 기름으로 치료받은 환자들은 심각한 통증에 시달렸고, 상처에 염증이 생겨 열까지 났어.

나, 파레는 예전부터 해 오던 치료가 꼭 올바른 것만은 아니라는 걸 깨달았어. 직접 실험해 보고 판단하기로 마음먹었지. 새로운 치료법을 많이 개발하려고 노력했어.

절단 수술 뒤 출혈을 막는 방법을 새롭게 생각해 냈던 것도 나였어. 상처 부위를 뜨겁게 달군 쇠로 지지는 예전 방식은 혈관을 달라붙게 해서 출혈을 막는 효과는 있었지만, 환자가 겪는 통증은 아주 심각했어.

나, 파레는 비단실로 혈관의 잘린 부분을 꿰매는 방법을 생각해 냈어. 시간이 좀 더 걸리지만, 통증도 적고 지혈에도 효과적이었어. 지금도 외과 의사들은 내가 고안한 방법을 써.

나, 파레의 능력을 인정한 프랑스 왕은 수술이 필요하면 나에게 맡겼어. 덕분에 이발사의 신분이 급격히 상승했어. 의사들과 어깨를 나란히 하게 되었지.

토토는 의학 여행과 꿈속 의학 여행을 계속 헷갈린 나머지, 꿈속에서 하던 대화를 계속했어.

"들을수록 놀라운 의학의 발전 과정이야."

슈바이처는 토토와 자연스럽게 대화를 이어 갔어. 잠깐! 말도 안 된다고? 그게 어떻게 가능하냐고? 진정해, 슈바이처는 유령이잖아. 그러니 상식적으로 말이 안 되는 이야기여도, 슈바이처는 가능할 수 있어. 상상력을 키워 봐. 편견에 갇히지 말자. 토토의 꿈을 짐작하기란 식은 죽 먹기였지.

"그치? 마취 약이 개발된 이후에는 환자의 고통이 훨씬 줄어들었어. 그런데 수술의 또 다른 문제가 뭐일 것 같아?"

### 슈바이처의 고양이가 들려주는
## 수혈 이야기

수혈은 많은 피를 흘린 사람에게 다른 사람의 피를 공급하는 치료법이야. 예전에는 혈액형이 다른 사람의 피나 심지어 동물의 피를 수혈하는 아찔한 경우도 있었어. 지금은 같은 혈액형끼리 수혈해야 한다는 사실을 알고 있기에 수혈이 크게 위험하지 않아. 수혈이 안전하게 이루어진 것은 오스트리아의 생물학자인 란트슈타이너 박사 덕분이야. 우리에게 익숙한 ABO식, Rh식 혈액형을 발견한 사람이 바로 란트슈타이너 박사야. 서로 다른 피가 만나면 항체가 반응해 피가 굳는다는 사실을 밝혀내면서, 1930년에 혈액형을 연구한 공로로 노벨 생리·의학상을 받았어. 란트슈타이너 박사의 혈액형 발견은 수혈, 수술, 더 나아가 친자 확인 등 유전학, 인류학, 법의학 분야까지 크나큰 도움을 주고 있어.

## 슈바이처의 고양이가 들려주는
### 마취 이야기

18세기 말 영국의 수술실 풍경은 무척 소란스러웠어. 마취도 없이 다리 절단 수술을 하려면, 환자의 통증은 말로 표현할 수 없었어. 많은 사람들이 고통스러워하는 환자를 꼭 붙잡고 있어야 했지.

19세기가 되어서야 마취가 시작되었어. 1846년 미국 보스턴에 있는 한 병원에서 에테르를 이용한 마취 수술이 공개적으로 진행되었지. 그 장면을 담은 것이 바로 이 그림이야.

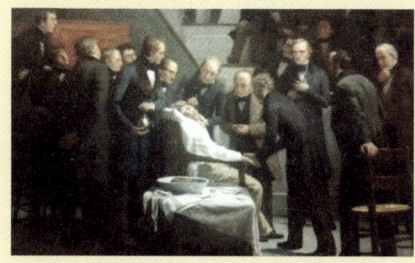

힝클리의 〈에테르의 날〉(1893)

목에 생긴 종양을 제거하기로 한 환자를 에테르라는 약으로 마취했어. 칼을 잡은 외과 의사가 수술을 시행하고, 다른 사람들은 지켜보고 있어. 환자는 통증을 전혀 느끼지 못했어. 수술을 담당했던 의사가 이렇게 외쳤지.
"신사 여러분, 이것은 사기가 아닙니다."
그 당시, 여러 공개 행사에서 거짓 연출하는 경우가 종종 있어서 이런 말을 했다고 해.

토토는 잠시 머뭇거리다 대답했어.
"음, 감염?"
슈바이처가 빙고를 외쳤어.
"그래, 감염 문제. 이 문제가 해결되기 전까지는 20년이라는 시간이 더 필요했어. 그 시절 수술 장면을 보면 의사들은 맨손으로 수술하고 있어. 소독이라는 게 뭔지도 몰랐을 때 이야기야."
"와우. 내가 넘어져서 아주 자그마한 상처가 나기만 해도 우리 엄마는 소독해야 한다고 야단 또 야단인데!"
"그래. 오늘날 우리는 현대 의학의 발전이라는 어마어마한 축복을 누리며 사는 중이라고."
잠꼬대인지, 진짜 멀쩡한 상태에서 하는 질문인지 알 수 없지만, 토토가 아주 중요한 질문을 건넸어.
"슈바이처, 소독의 중요성을 일깨워 준 의사는 누구였어?"
슈바이처는 친절하게 정리해 주었어.
"제멜바이스야. 의사들이 수술할 때 고무장갑을 끼거든? 사실은 얼마 안 된 일이야."
"의학 드라마 첫 장면에서는 의사가 장갑 끼는 모습부터 나오기도 하던데!"
"그러게. 고무장갑을 끼고 수술하는 것을 퍼뜨린 사람은 윌리엄 홀스테드야."

# 제멜바이스의 혼잣말 인터뷰

Ignaz Philipp Semmelweis

1818 ~ 1865

나, 제멜바이스는 1840년대 오스트리아의 빈 종합 병원에서 산모의 출산을 돕는 산부인과 의사로 일하며 학생들을 가르치고 있었어. 이 당시 빈 종합 병원은 세계 최대 규모의 병원이었어. 대학 병원이었기에 사망 환자를 부검하는 경우가 아주 많았어. 모두들 맨손으로 했어. 부검을 마친 의사들은 시신에서 흘러나온 피나 고름을 수건으로 대충 닦은 다음, 산모를 진찰했어. 내가 근무하던 병원에서 출산한 산모들이 많이 죽었어. 산모 10명 가운데 3명은 아기를 낳으러 병원에 갔다가 목숨을 잃었지. 병원에 가려면 죽음을 각오해야 하는 시대였어.

당시 빈 종합 병원에는 두 개의 산부인과 진료소가 있었어. 하나는 의과 대학 학생들을 가르치는 곳이었고, 다른 하나는 산모의 분만을 돕는 조산사를 교육시키는 곳이었어. 두 진료소의 산모 사망률을 비교해 봤더니 첫 번째 진료소에서는 한 해 동안 600~800명의 산모가 목숨을 잃었는데, 두 번째 진료소에서는 60명에 그쳤어. 아주 의외의 결과였지.

1794년에 문을 연 빈 종합 병원 산모의 사망률이 급격히 높아진 시기를 살펴보니 의대 학생들이 부검을 시작한 1822년부터였어. 부검과 산모의 사망이 서로 연관되어 있다는 단서였어. 당시에는 그 이유를 알 수 없었어.

1847년 3월, 나, 제멜바이스는 휴가를 보내고 돌아와서, 친한 동료였던 의사 콜레츄카가 세상을 떠났다는 충격적인 소식을 접해. 부검 중 사용하던 칼에 손가락을 찔린 뒤 시름시름 앓다가 죽었다는 거야. 나는 콜레츄카를 부검하면서 그의 몸에 생긴 변화가 그가 돌보던 산모의 시신에서 관찰된 몸

의 변화와 같다는 알았지.

해부용 칼에 찔려 죽을 수 있다면, 의사들의 맨손을 통해서도 그럴 수 있지 않을까? 손을 위생적으로 관리한다면 산모를 보호할 수 있지 않을까?

나, 제멜바이스는 병실 앞에 이런 경고문을 붙였어.

'병실에 들어오는 의사들은 반드시 소독약으로 손을 씻어야 합니다.'

의사들이 이 규칙을 지키자 산모의 사망률이 1%대로 뚝 떨어졌어. 엄청난 일이었어.

나의 노력은 널리 환영받아야 했지만, 현실은 그렇지 못했어. 다른 의사들을 설득하기 무척 어려웠지. 이 시대 의사들은 세균이나 감염에 대한 지식이 전혀 없었으니까.

파스퇴르의 세균 감염 이론을 의사들이 인정하기 시작한 것도 수십 년이 흐른 뒤였어. 수술 전 소독이 의무 사항이 된 건 그로부터 한참 지나서였어. 1867년 영국의 의사 조지프 리스터가 소독약을 사용하면 사망률이 급격히 감소한다는 내용의 논문을 발표한 다음이었지. 파스퇴르도 리스터의 노력에 지지를 보냈어. 그렇다 해도 의사들의 습관이 하루아침에 바뀐 것은 아니었어.

조지프 리스터(1827~1912).
수술대에 오르려면 죽음을 각오해야 했던 시대에 소독의 중요성을 알아차린 조지프 리스터.
가글제로 유명한 리스터린은 그의 이름을 딴 상표라고 한다.

슈바이처는 말을 이었어.

"홀스테드는 외과 의사야. 결혼을 약속한 여자 친구가 간호사였는데, 수술을 준비할 때마다 도구를 소독해야 했지. 그러다 소독약 때문에 피부염에 걸렸고."

"피부염?"

슈바이처는 고개를 끄덕였어.

"홀스테드는 여자 친구를 위해 고무장갑을 주문해 줬어. 장갑 때문에 손놀림이 둔해질 거라고 생각했는데, 의외로 괜찮았어. 의사들도 차츰 장갑을 끼기 시작했지. 시간이 지나서야 장갑을 끼고 수술하면 환자의 감염이 줄어든다는 사실을 깨닫게 된 거지. 지금은 수술하는 의사는 누구나 장갑을 껴."

"이히히. 뭐랄까. 고무장갑이 세계로 널리 퍼진 역사 이야기 같다."

토토의 대답에 슈바이처는 웃음을 참지 못했어.

"토토는 유머 감각이 뛰어나. 진심이야."

토토는 슈바이처의 칭찬에 잠시 수줍어하더니 물었어.

"그런데 수술할 때 마스크도 쓰잖아? 그건 언제부터야?"

"요즘은 의사는 물론이고 평범한 우리들까지 마스크 안 쓰는 게 더 어색한 시절이지만. 마스크는 프랑스 의사 베르제가 1897년에 수술할 때 처음으로 사용했다고 알려져 있어. 베르제는 파리의 외과 의사 학회에서 비말이 수술 중 감염을 일으킬 수 있다고 경고해. 수술할 때 마스크를 쓰니까

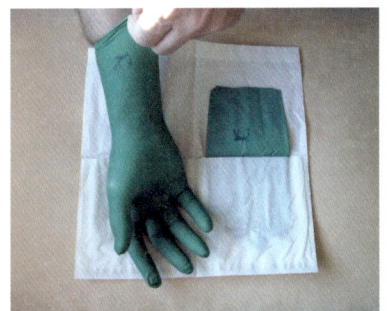

감염 예방을 위해 필수품이 된 수술용 장갑

수술용 마스크의 사용을 제안한
폴 베르제(1845~1908)

감염이 많이 줄었다고도 발표했지."

"베르제의 노력으로 속도를 높여 마취와 감염 예방 조치들이 이루어졌달까? 덕분에 20세기 초에는 의사들은 이제 모든 병을 다 고칠 수 있을 것처럼 자신감이 샘솟았어."

"당연한 모든 것들이 그제야 당연해진 시기구나."

토토의 말에 슈바이처가 맞장구쳤어.

"명쾌한 정리야, 토토."

세상을 뒤흔든 질병 ③
# 결핵

결핵은 결핵균에 감염되어 생기는 병이야. 재채기나 기침, 말을 할 때 생기는 비말을 통해 주로 감염되는데, 결핵균이 침범한 장기에 따라 증세가 여러 가지로 나타나. 가장 많은 것이 폐결핵이야. 폐결핵은 초기에는 특별한 증상이 나타나지 않기 때문에 병에 걸렸는지 알아차리기 어려운 경우가 많아. 하지만 제때 치료하지 않으면 죽음에 이를 수 있을 정도로 위험해. 결핵이 심해지면 피를 토하기도 해. 결핵은 기원전 7000년 경 선사 시대 사람의 뼈에서도 앓은 흔적을 발견할 수 있을 정도로 오래된 질병이지만, 큰 사회 문제로 떠오른 것은 산업 혁명 전후의 일이야.

산업 혁명으로 공장의 수는 엄청나게 늘어났고, 농사를 짓던 사람들은 도시로 몰려와 공장에서 일하면서 도시 곳곳에는 가난한 노동자들이 모여 사는 빈민가가 생겨났어. 골목마다 가축 우리 같은 집들이 다닥다닥 모여 있었고, 오물과 쓰레기들이 쌓여 고약한 냄새가 진동을 했지. 공장 굴뚝에서는 끊임없이 시커먼 매연이 뿜어져 나왔어.

사람들이 일하는 공장 역시 형편없었어. 공장 안은 환기가 되지 않아 늘 공기가 탁했고, 먼지와 기름 냄새로 가득 차 있었어. 기계에서 나오는 열로 푹푹 찌는 듯 덥고, 시끄러운 기계 소리는 온 신경을 마비시킬 정도였지. 이런 곳에서 열두 살밖에 안 된 아이들과 아기를 가진 여성들이 하루 12시간 이상 일을 해야 했어.

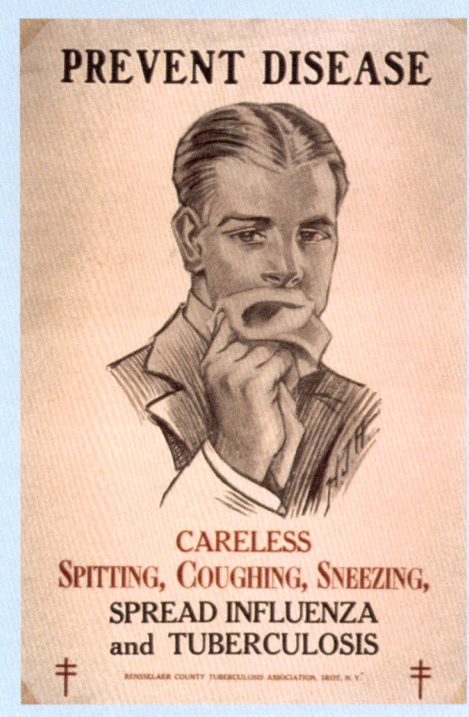

결핵을 예방하자는 내용을 담은 포스터

오염된 공기와 질식할 것만 같은 공장, 그리고 가축우리같이 비위생적인 집에 사는 노동자들은 결핵균에 쉽게 감염되었어. 영양 상태도 좋지 않아서 결핵균을 이길 면역력도 없었지. 이렇듯 빠르게 산업화 되어 가는 과정에 결핵이 더욱 두드러지게 발병했어. 증상은 알 수 있어도, 치료는 쉽지 않았어. 많은 사람들이 결핵을 앓다가 목숨을 잃었어.

결핵균은 1882년 세균학의 아버지 코흐가 발견했어. 코흐가 결핵균을 발견한 공로로 노벨상을 받은 건 이미 앞에서 다루었지. 결핵균 발견 이후, 수많은 과학자들이 결핵 치료제 개발에 매달렸지만, 쉽지 않은 일이었어. 시간이 흘러 1943년에 셀먼 왁스먼이 결핵 치료제인 '스트렙토마이신'을 발견한 뒤, 결핵 사망률은 크게 떨어졌어. 스트렙토마이신은 장티푸스 등 페니실린으로 해결할 수 없던 질병에서도 탁월한 효과를 낼 수 있었어. 당시에는 사용되지 않았던 '항생 물질'이라는 새로운 단어를 만들어 낸 사람도 바로 셀먼 왁스먼이었어. 셀먼 왁스먼은 스트렙토마이신을 개발한 공로로 1952년 노벨 생리·의학상을 거머쥐었어. 지금은 결핵에 걸려도 제때 치료하면 완치될 수 있어. 하지만 아직까지 결핵이 완전히 사라진 건 아니야.

스트렙토마이신을 발견한
셀먼 왁스먼(1888~1973)

## 의학과 마음

# 몸과 마음의 건강, 그리고 남은 과제들

어느덧 건강은 단순히 질병이 없거나 허약하지 않을 뿐 아니라
신체적, 정신적, 사회적으로도 완전히 안녕한 상태를 모두 포함하는 개념이 되었지.
그동안 의학의 관심은 사람의 신체에만 머물지 않고,
마음의 건강과 사회적 제도를 챙기는 데까지 뻗어 나갔어.

정신 의학의 발전
# 마음이 아프다면?

다음 여행을 떠나려 주섬주섬 가방을 챙기는 아침이었어. 슈바이처는 오늘따라 평소와 달리 축 처진 토토가 마음에 걸렸어.

"토토, 왜 이렇게 기운이 없니?"

"모르겠어. 같이 어울리기 귀찮고, 혼자 있고 싶으면서 기운도 없고 밥도 먹기 싫고 그래."

"내 보기엔 반찬 투정 같은데?"

"뭐라니."

"하하하, 기운 내. 누구나 그럴 때가 가끔 있는 법이지."

"유령도 그래?"

"그럼! 유령도 우울증 앓기도 하고 그래."

"우울증?"

토토가 눈을 동그랗게 뜨자, 슈바이처가 다정하게 대꾸했어.

"응. 마음의 감기. 누구든 걸릴 수 있어. 오늘은 우리 마음 건강을 공부할

> ### 슈바이처의 고양이가 들려주는
> ### 정신 병원 이야기
>
> 정신 병원은 유럽에서 가장 먼저 생겼어. 가장 오래된 병원이 영국 런던에 있는 베들렘 병원이야. 예수가 태어났다는 베들레헴의 이름을 따서 1247년 런던에 세워진 베들레헴 수도원이 훗날 정신 병원으로 바뀌고, 이름도 베들레헴(Bethlehem)에서 베들렘(Bethlem)으로 바뀌었지.
>
>
>
> 정신 질환을 앓고 있는 환자의 모습을 담은 그림
>
> 그림을 살펴보자. 가운데 있는 사람이 환자야. 머릿니를 예방하기 위해 머리는 모두 깎였어. 도망치는 걸 막으려고 발에는 쇠고랑을 채웠어. 이 무렵 정신 병원은 그냥 가두어 두기 위한 곳이었어. 유럽 다른 나라들도 상황이 비슷했어. 정신이 건강하지 못한 사람들, 거지와 부랑자 모두 사회를 불안하게 한다는 혐오 때문에 부당한 대우를 받았지.

겸 정신 의학 여행을 떠나 볼까?"

슈바이처의 손을 잡고 잠시 걸었더니, 쇠창살이 있는 병원이 보여. 영화에서 봤던 감옥 같아서 토토는 잔뜩 움츠러들었어. 토토는 자꾸 두리번거렸어. 겁낼 필요 없다며, 안심하라고 슈바이처가 자꾸 다독였지. 출입구가 좀 살벌해 보이지만, 환자들을 보호하기 위한 시설이라고 설명해 주는데, 토토는 그저 무서웠어.

"슈바이처, 그러니까 여기가 마음이 아픈 사람들이 다니는 병원이야?"

"음, 정신 의학을 이야기할 때, 자주 만나는 표현이 '정상'과 '비정상'일 거야. 그런데, 시대마다, 사회마다, 문화마다 정상과 비정상의 기준은 늘 달랐어. 그러니 내가 정상이고, 네가 비정상이다, 이렇게 쉽게 말할 수는 없다는 거지."

"정상과 비정상? 보통인 것과 이상한 것, 이런 뜻인 거지? 어렵다."

"아무래도 좀 그렇지?"

환자를 가두어 두고 학대하듯 다루었다는 옛날 정신 병원 이야기에 토토는 소리를 높였어.

"아픈 것도 속상한데, 너무 심했다."

"그치? 이런 병원이 바뀌게 된 계기는 바로 프랑스 혁명이야."

"프랑스 혁명? 레 미제라블 노래 나오는 그 혁명?"

"그래, 그 시대의 필리프 피넬이 큰 역할을 담당했지. 프랑스 혁명가처럼 정신 의학의 한 획을 그은 사람이었어."

"피넬이라는 사람은 또 어떻게 의학의 흐름을 바꾸었는지 궁금하다."

"피넬은 살페트리에르 병원에서 원장을 맡아. 지금도 파리에 가면 살페트리에르 병원을 볼 수 있어."

휘리릭! 그 사이 토토와 슈바이처는 에펠탑 앞에 서 있었어. 프랑스는 지난번에도 왔었던 터라 이미 낯익었지.

"아이고, 숨차. 봉수아! 에펠탑이네."

"오래 여행하다 보니 토토가 파리에 와도 심드렁한 것 같아 내가 몹시 서운할 지경이야."

슈바이처가 농담 반 진담 반으로 투정을 부렸어. 토토는 솔직하게 대꾸했어.

"내가 지금 기분이 몹시 가라앉아서 그래. 이해해 줘. 아무튼, 살페트리에르 병원이 어쨌다고?"

"참, 우리 그 이야기 중이었지?"

"프랑스 혁명 당시 살페트리에르 병원은 규모가 가장 큰 시설이었어. 마음이 아픈 환자들, 매춘으로 생계를 꾸렸던 사람들, 간질을 앓던 환자 등을 두루 수용했었지. 대부분 환자들이 가난했는데, 병원 환경이 그리 위생적이지도 못했어. 특히 쥐가 많기로 악명이 높았어."

살페트리에르 병원의 모습

필리프 피넬(1745~1826). 쇠사슬에 묶인 환자의 인권을 고민했던 의사

"으으으, 쥐라니."

"피넬이 나타나면서 어떻게 혁명적으로 달라졌는지 궁금했댔지? 피넬이 가장 먼저 했던 일은 바로 환자에게 채웠던 쇠사슬을 푼 거였어!"

"쇠사슬이라고?"

"피넬은 근대 정신 의학의 세계를 연 사람이야. 쇠사슬을 풀어 환자를 자유롭게 움직일 수 있게 하고, 환자들을 진심으로 대하는 치료법을 연구했거든."

"뭐랄까. 아주 따뜻하고 다정한 의사 선생님 같아."

토토의 말에 슈바이처가 고개를 끄덕였어.

"그래, 피넬은 환자들과 매우 가깝게 지냈어. 따뜻하게 목욕하게 해서 환자를 안정시켰고. 예전에 가두어 두던 환자들을 우리와 같은 평범한 사람으로 대했어."

"피넬처럼 좋은 의사 선생님이 더더욱 많으면 좋겠다."

"내 생각도 그래. 피넬은 이런 멋진 말도 남겼단다."

"어떤 말?"

"환자들에게 끈기 있게 헌신적인 관심을 쏟아야 하고, 환자를 특성에 따라 나누어 각각 다른 병동에 머물게 해야 한다. 이성을 계발하고 강화시키기 위해 치료를 해야 한다."

"꼭 히포크라테스의 선서처럼 느껴진다."

"토토도 그 의미를 알아챘구나. 피넬의 정신을 바탕으로 삼아 정신 병원은 그때부터 환자들을 치료하기 위한 곳으로 변화하기 시작했어. 가두어 놓는 곳에서 제대로 치료하는 곳으로 바뀌었지."

"지금 우리가 여행 온 이 병원이 엄청 중요한 곳이구나!"

"물론이지. 살페트리에르 병원은 정신 의학의 중심지로 발전했어. 피넬이 제안했던 심리 치료는 100년 정도의 시간이 지난 뒤, 이 병원으로 공부하러 왔던 프로이트에 의해 정신 치료로 발전해!"

"앗, 그 유명한 프로이트? 그 프로이트 박사님?"

토토는 잔뜩 들떠서 옷매무새를 단정히 했어. 그런 토토를 슈바이처는 빙그레 미소 지으며 바라보았지.

# 프로이트의 혼잣말 인터뷰

Sigmund Freud

1856 ~ 1939

자, 환자가 긴 소파에 누워 있어. 그 뒤에 앉은 의사는 "마음속에 떠오르는 것을 이야기해 보세요." 하고 환자의 말을 듣고 있어. 어디선가 본 듯한 상황이지?

나, 정신 분석의 창시자 프로이트가 시작한 정신 치료 과정이야. 환자가 자신의 생각이나 느낌을 이야기하면, 의사가 잘 듣고, 의견을 이야기해 주지. 그 과정에서 환자는 자신의 문제를 파악하게 되고, 치료를 위해 노력을 기울여.

나, 프로이트가 주장한 정신 치료는 현대 정신 의학의 한 분야로 자리매김했어. 하지만 요즘은 정신 치료보다는 약물 치료를 더 많이 해. 심리 치료나 정신 치료는 불안증이나 우울증 같은 정신 질환 치료에는 도움이 되지만, 망상을 앓는 질환은 심리 치료로도 효과가 크지 않아. 그래서 피넬이나 나의 노력에도 이들 환자들은 그냥 병원에 갇혀 지냈어.

나, 프로이트와 나의 동료들은 내가 살던 당시의 치료법으로는 치료할 수 없었던 환자들과 그들의 증상을 치료하기 위해 새로운 방법을 연구하고 도전했어. 많은 사례를 치열하게 분석하고, 이론을 확립해 나갔지. 나, 프로이트는 인간의 행동이 합리적으로만 이루어지는 것이 아니라 우리 마음속 깊숙하게 숨어 있는 무의식이

프로이트와 정신 분석 이론을 함께 발전시킨 동료들

우리들의 행동과 정서를 규정한다고 주장했어.

나, 프로이트가 창시한 정신 분석학은 심리학, 정신 의학뿐 아니라 사회학, 교육학, 범죄학, 문예 비평에 이르기까지 20세기 전 분야에 걸쳐 큰 영향을 끼쳤어.

아, 오해는 하지 말기. 내가 소개한 정신 분석학이 한 천재의 눈부신 상상력으로 뚝딱 만들어진 것은 아니야. 인간의 정신을 이해하기 위한 여러 학자들의 꾸준하고 치열한 연구 덕분에 가능한 성과였지.

1980년대 이후 내가 주창한 정신 분석은 신경 과학의 발달, 약물의 획기적 개발에 밀려 급격히 힘을 잃어. 정신 분석이 의료로 보기 어려운 비과학적 학문이라는 지적과 시대에 뒤떨어졌다는 인식이 널리 퍼졌지. 안타까운 일이지만, 나는 내가 할 수 있는 선에서 최선을 다해 인간의 정신세계를 밝히려 애썼어. 나름대로 과학적, 객관적으로 접근했지.

그리고 낡은 개념으로 받아들여지던 나의 정신 분석 이론이 최신 과학 기술의 도움으로 다시 조명받고 있다고 들었어.

나, 프로이트는 《꿈의 해석》과 《정신 분석 강의》등 후세의 사람들에게 큰 보탬이 되는 책을 쓰는 일에도 노력을 아끼지 않았어.

프로이트의 책
《꿈의 해석》(1900)

정신없이 빡빡한 여행 끝에 토토와 슈바이처와 슈바이처의 고양이 셋은 잔디밭에 모여 샌드위치를 꺼냈어. 신선한 샐러드와 과일주스를 함께 마시며 도란도란 이야기를 나누었지. 행복하다는 마음이 들었어. 셋은 자연스레 잔디 위에 누웠어. 파란 하늘, 환한 빛. 잠시 동안 움츠러들었던 마음까지 말끔하게 펴지는 것 같았어. 토토가 슬그머니 일어나 앉았어. 그러더니 나직이 중얼거렸지.

"몸과 마음의 건강. 소중한 가족과 친구들. 따뜻하고 다정한 마음."

눈을 감고 있던 슈바이처가 살며시 말을 건넸어.

"토토, 자는 거야?"

"잠꼬대 하는 거 아니야. 건강하려면, 행복해야겠구나 하는 생각이 들어서 생각나는 대로 말해 봤어."

잠든 슈바이처의 고양이를 쓰다듬으며, 슈바이처가 물었어.

"토토, 무슨 생각을 하고 있어?"

"그냥 광합성 중이야."

## 세상을 뒤흔든 질병 ④
# 암

암은 영어로 'cancer'라고 해. '게'를 뜻하는 그리스 말에서 나왔어. 게의 등딱지처럼 울퉁불퉁하고 딱딱한 암의 표면을 드러내는 표현이지. 한번 생기면 게가 집게발로 먹이를 움켜쥐는 것처럼 잘 떨어지지 않고 집요하게 괴롭히는 암의 속성을 엿볼 수 있는 표현이기도 해. 암은 한자어로 '바위'라는 뜻인데, 딱딱한 바위처럼 만져진다는 의미야.

인체는 세포(cell)로 이루어져 있어. 모든 세포는 정상적으로는 스스로 분열하고 성장하며, 수명이 다하면 죽어서 사라져.

암 세포가 정상 세포와 가장 크게 다른 점은 영원히 죽지 않는다는 거야. 물론 영양 공급이 공급된다는 조건이 필요하긴 해. 정상 세포가 아무리 영양이 충분히 공급된다 하더라도 일정한 수명이 되면 모두 죽는 것과는 대조적이지.

헨리에타 랙스(Henrietta Lacks)라는 미국 사람이 1951년 자궁경부암으로 사망했는데, 그녀의 암 조직에서 추출된 암세포를 그녀의 이름을 따 헬라세포(HeLa cell)라고 불러. 헬라세포는 지금까지도 살아 증식하여 세계 각지의 의학 연구소에 분배되어 세포 실험에 사용되고 있어.

암은 위암이나 간암, 폐암처럼 어떤 장기나 기관에서 생겼는지에 따라 나뉘기도 하지만, 암종, 육종, 림프종처럼 어떤 종류의 세포에서 비롯되었는지에 따라 나눌 수도 있어. 백혈구가 비정상적으로 증식되는 백혈병도 혈액에 생기는 암의 한 종류야. 암은 생겨난 곳에만 머물지 않고, 임파선이나 혈관을 통해 우리 몸의 각 부분, 특히 간이나 폐, 뼈나 뇌 등으로 이동해. 이것을 전이라고 하는데, 암 환자는 이러한 전이 때문에 죽음에 이르러.

의학계의 교황으로 불리는 루돌프 피르호(1821~1902). 암세포를 확인했으며, 백혈병을 발견했다.

암은 인류의 역사와 함께 오래된 병으로 이집트의 미라에서도 그 흔적을 찾을 수 있어. 히포크라테스도 암을 이미 알고 있었지. 하지만 암을 과학적으로 접근하고 본격적으로 이해하기 시작한 것은 19세기 후반, 암세포를 현미경으로 관찰할 수 있게 되면서부터야.

암은 세포 분열을 담당하는 유전자의 돌연변이 때문에 생겨. 인체의 세포는 분열을 하면서 새로운 세포로 치환되는데, 이때 세포의 유전자가 똑같이 복제되지 못하는 돌연변이가 발생해. 세포가 한 번 분열할 때 돌연변이가 생길 확률은 10억분의 1 정도에 불과하지만 발암 물질에 노출될 경우 그 확률이 급격히 올라가. 발암 물질이 뭐냐고? 담배와 같은 화학 물질, 방사선, 세균이나 바이러스 등이 유전자의 돌연변이를 잘 일으키는 발암 물질이야.

그런데 암이 유전자 돌연변이에 의해 발생한다고 해서 부모로부터 자식에게 유전된다는 뜻은 아니야. 물론 부모로부터 물려받은 유전자 자체의 결함으로 암이 발생하기도 하지만 전체 암의 10~20%에 불과하고, 대부분의 암은 유전이 아닌 후천적인 돌연변이에 의해 발생해. 사람들은 암의 원인으로 음식을 흔히 이야기해. 그러나 음식이 암을 유발하는 경우는 별로 많지 않아. 현재 암을 유발할 수 있다고 인정되는 음식은 붉은 고기, 소금 및 염장 음식 정도야.

사실 암은 단순히 하나의 질병이 아니야. 무척이나 다양하지. 물질문명이 발달하면서 암을 일으키는 새로운 물질이 나타나고, 그에 따라서 암 자체도 계속해서 변해. 수십 년 전만 해도 암에 걸리면 모두 죽음을 떠올렸었지? 그러나 지금은 암의 원인도 대부분 밝혀내고 수술이나 방사선 치료, 항암제 등이 발전하면서 암 환자의 60% 이상 치료가 가능해. 또 완치가 어렵더라도 암이 퍼지지 않게 하는 치료법도 계속 개발되고 있어서 암은 이제 겁먹을 병은 아니야.

# 우리 의학 이야기

# 질병은 나타나고
# 의학은 나아간다

지금까지 인류가 지나온 의학의 역사를 큰 흐름으로 두루 살폈어.
그 사이 우리 의학은 어떻게 시작하고 발전해 왔는지,
우리가 기억할 사건과 인물까지 자세히 들여다보자.
우리 앞에 놓인 과제와 우리가 꿈꾸는 의학의 미래도 함께 고민해 보자.

함께 이루는 꿈
# 토토의 여행은 계속된다

"토토, 우리 이제 마지막 여행지로 떠날 거야!"

슈바이처가 우렁차게 깨웠어. 토토는 기지개를 켰지.

"안녕, 슈바이처? 마지막 여행이라니. 아쉬우면서도 우리 집 걱정이 되기는 해. 우리가 얼마 동안 여행을 한 걸까?"

"곧 알게 될 테니, 비밀! 걱정하지 마. 곧 가족들을 만날 수 있어."

"응, 우리의 마지막 여행지는 어디야?"

슈바이처는 빙그레 웃기만 할 뿐 알려 주지 않았어. 토토는 자꾸만 두리번거렸어.

"어디지? 익숙한 곳 같은데. 몹시 익숙해, 여기는."

혼잣말을 하다 토토는 앗! 하고 감탄사를 내뱉었어. 드라마 세트장 같았어. 사극에서 보던 풍경들이 눈앞에 펼쳐져 있었지.

"혹시 방송국인가? 체험관인가? 여기 어디야?"

슈바이처가 말했어.

"1884년 즈음의 근대 대한제국!"

"꺅!"

토토는 탄성을 질렀어.

"여기 어떻게 온 거야? 정말 신기해. 그런데 왜 하필 1884년이야?"

슈바이처가 대답했어.

"우리나라에 서양 의학이 들어온 시기란다."

"서양 의학이 들어온 시기?"

> 슈바이처의 고양이가 들려주는
> ## 동의보감 이야기

우리나라 의학의 역사를 이야기할 때, 허준의 《동의보감》을 빠뜨릴 수 없어. 25권으로 구성된 《동의보감》은 우리나라 최고의 의학 교과서라고 불리기도 해. 의학을 공부하려는 사람은 반드시 《동의보감》을 봐야 했지. 지금도 한의사가 되기 위해서는 꼭 알아야 하는 책이야. 2009년에는 유네스코 세계 기록 유산으로 선정되었어. 의학 서적으로는 처음 있는 일이지.

《동의보감》. 동양 의학의 백과사전이자 일반인을 위한 세계 최초의 의학 서적

《동의보감》이 나오기 전까지는 우리나라 의학을 '동의(東醫)'라고 부르지는 않았어. 우리나라 의학은 따로 없었고, 의학 하면 으레 중국 의학을 가리키는 말이었지. 그런데 허준은 자기가 쓴 책을 '동의'라고 불렀어. 중국의 동쪽에 있는 우리나라의 의학이라는 의미였지. 동의라는 이름에는 중국과는 다른 우리의 독자적인 의학 체계를 만들었다는 자부심이 담겨 있어. 보감(寶鑑)이라는 말은 보배로운 거울이라는 뜻이야.

《동의보감》의 내용을 제대로 알려면 동양 의학 전통을 이해하고 있어야 해. 《동의보감》에서 가장 기초가 된 의학 이론은 바로 의학 여행 앞부분에서 만난 《황제내경》이야.

의료 선교사 호러스 알렌 (1858~1932). 우리 의학의 발전에 큰 도움을 주었지만, 미국의 이익을 위해 우리나라의 이권을 넘겼다는 비판도 받는다.

"그래, 1884년 9월 눈동자는 파랗고, 머리카락이 붉은 미국인이 제물포항에 도착했어. 지금의 인천이지. 우리나라에 들어온 최초의 개신교 선교사 알렌 이야기야. 물론 이전에도 조선에 선교사들이 왔지만 모두 가톨릭교도였어. 알렌은 의료 선교 활동을 위해 조선에 왔지만 당시에는 선교가 금지되었어. 알렌은 선교 활동은 하지 못하고, 미국 공사관에서 의사로 있었어. 그런데 그해 12월 4일 갑신정변이 일어났어."

"갑신정변?"

토토의 질문에 슈바이처가 대답했어.

"갑신정변은 지금의 우체국이라 할 수 있는 우정국의 개업을 알리는 축하 자리에서 일어난 역사적 사건이야. 파티가 끝날 무렵 자객들이 명성 황후의 조카 민영익을 암살하려 했지."

토토는 머리를 감쌌어. 여러 드라마에서 보던 내용들이 뒤죽박죽되는 기분이었거든.

"아, 이건 도대체 현실일까, 꿈일까, 그냥 여행일까."

토토가 낮은 목소리로 중얼거렸어.

한참 뒤, 토토가 물었어.

"슈바이처, 우리나라 의학의 역사에서 기억해야 할 중요한 인물은 없어?"

슈바이처가 대답했어.

"없을 리 없잖아. 당연히 있지!"

"누군데?"

"지석영이라는 사람이 아주 중요해. 서당에 갈 경제적 형편은 되지 못해서 아버지가 친구인 한의사 박영선에게 보내 한의학을 배우게 했대. 지석영의 스승이었던 박영선은 한의사인 동시에 통역관이었어. 수신사로 일본에 가게 되었을 때 우두 종두법을 배우고《종두귀감》이라는 책을 갖고 돌아온 거야. 당시 조선에도 역시 천연두가 많았거든. 이 문제를 해결하는 방법을 찾던 중 일본에서는 이미 우두 접종으로 천연두를 예방하고 있었다는 걸 알게 돼. 그래서 이 방법을 조선에도 도입하려 한 거지."

### 슈바이처의 고양이가 들려주는
# 제중원과 근대 병원 이야기

갑신정변 당시 조정의 외교 고문을 맡고 있던 독일인 묄렌도르프는 알렌에게 민영익의 치료를 부탁해. 한의사들의 고약 대신 상처 부위를 소독한 다음 명주실로 꿰맨 후 붕대를 감아 치료했지. 모두 스물일곱 군데를 꿰맸다고 해. 알렌의 치료는 효과가 있어서 민영익은 며칠 후 건강을 회복했어.

당시 서양 의학의 우수성을 이미 알고 있던 조선 정부는 서양식 병원을 세우려고 구상 중이었는데, 마침 알렌이 병원을 만드는 제안을 하자 정부는 서양식 병원을 만들었어. 그게 바로 제중원이야. 우리나라에 세워진 최초의 서양식 병원! 제중원이 세워진 건 갑신정변 다음 해인 1885년 4월이야. '치료가 어려운 질병이 있는 자는 모두 내원해 치료받아 국가에서 널리 구제하고자 하는 뜻에 부응하도록 하라'는 정부의 뜻이 담겨 있는 병원이지. 제중원은 국립 병원이라고 할 수 있는데, 환자 진료는 알렌이 맡았다는 점에서 선교 병원이기도 해.

제중원은 온돌방을 병실로 사용했어. 병실은 40명 정도의 환자들이 입원할 수 있는 정도였어. 지방에서 온 환자도 많았고, 소외된 거지나 나병 환자들도 많았어. 부유한 양반층은 의사들이 집을 방문해서 치료했다고 해.

훗날 제중원은 정부 병원이 아닌 선교 병원으로 바뀌어. 제중원의 운영을 완전히 넘겨받은 의사가 훗날 석유 재벌 세브란스로부터 기부금을 받아 현대식 병원을 설립해. 그게 1904년에 완공된 세브란스 병원이야.

세브란스 병원이 문을 연 지 4년이 지난 뒤에 창경궁 근처에 또 하나의 서양식 병원인 대한 의원이 건립돼. 대한 의원은 대한제국 정부의 병원이었지만 이름만 그렇고 실제로는 당시 조선을 이미 지배하고 있던 일본통감 이토 히로부미의 지시로 만들어진 거야. 대한 의원이라는 이름도 이토가 직접 지은 것이고, 원장이나 주요 직책은 모두 일본인이 맡았지. 진료는 일본인이나 조선인을 가리지 않고 했지만, 진료비가 상당히 비싸서 일반인들은 이용할 수 없었어. 그런데 일본통감부는 대한 의원의 우선적인 목표는 조선인 중 빈곤한 사람을 치료하는 데 있었다고 광고한 만큼 우리나라 사람들이 무료로 이용할 수 있게 했어. 하지만 이용한 다음에 일본 천황에게 고맙다는 감사문을 꼭 제출하게 했지.

경술국치와 동시에 대한 의원은 조선 총독부 의원으로 변경되었고, 1916년에는 경성 의학 전문학교 부속 병원으로 바뀌었어. 1926년에는 경성 제국 대학이 설립되면서 총독부 병원은 대학 부속 병원으로 다시 변경되었지. 식민지 시대에도 세브란스 병원과 같은 선교 병원들도 있었지만 의사나 병원의 숫자로 보면 의학은 경성 의학 전문학교와 제국 대학을 졸업한 의사들이 주도했어. 일본을 거쳐 들어온 서양 의학이었지.

현재 연세대학교에 자리하고 있는
복원된 제중원의 모습

"제너의 종두법!"

토토의 대답에 슈바이처의 눈이 휘둥그레졌어.

"나, 여행의 보람을 느껴."

토토는 뿌듯한 표정을 지었어.

"지석영 이야기 더 들려줘."

"지석영은 스승이 일본에서 가져온 《종두귀감》을 열심히 공부했지. 그런데 얼마 뒤 천연두가 전국에 퍼져 수많은 어린이들이 생명을 잃었어. 지석영도 조카를 잃었어. 지석영은 책으로만 배워서는 우두 접종을 할 수 없다는 것을 깨닫고, 직접 배우기로 마음먹었지. 그때 부산의 제생의원 이야기를 들었어."

"제생의원? 어디서 들어보던 이름인데."

"제생의원은 일본이 부산에 사는 일본인을 위해 세운 병원인데, 지석영이 이곳 의사들이 종두법을 알고 있다는 소식을 전해 듣지. 한양에서 부산까지 꼬박 20일을 걸어서 병원에 찾아갔다고 해. 지석영이 일본말을 할 줄 몰라서 한자로 글씨를 써서 일본인 의사에게 요청했지. 지석영의 열정에 감동을 받은 의사가 두 달 동안 종두법을 가르쳐 주고, 두묘와 접종 기구를 주었어."

토토가 고개를 갸웃거렸어.

"두묘가 뭐야?"

제생의원의 모습

"우두를 앓는 소에게서 뽑아낸 물질이야. 천연두의 예방으로 쓰여. 지석영은 서양 의학책도 함께 얻어 돌아와. 오는 길에 들른 충주의 아이들에게 우두를 맞추었지. 우리나라 최초의 우두 접종이야."

"우아!"

토토는 탄성을 질렀어.

# 지석영의 혼잣말 인터뷰

1855 ~ 1935

　조선 후기 국문학자이자 예방 의학자인 나, 지석영은 많은 아이들에게 우두를 접종했어. 얻어 온 두묘가 다 떨어지자 나는 직접 만들 궁리를 했어. 그러던 중 1880년 2차 수신사가 일본을 방문할 때 수행원으로 일본에 따라갈 기회를 얻지. 나, 지석영은 일본에서 두묘를 만드는 방법을 배워 돌아와. 결국 두묘를 직접 만들어 우두 접종 사업을 펼쳐 나갔어. 1885년에는 《우두신설》이라는 책을 펴내서 우두를 접종하는 의사들을 교육하지. 이 책은 우리나라 사람이 저술한 최초의 서양 의학책이야.

　나, 지석영은 1899년에 서양 의학을 가르치는 의학교 설립을 요청했어. 이것이 우리나라에서 최초로 설립된 공식적인 서양 의학 교육 기관인 셈이야. 교장은 나, 지석영이, 교사는 일본인 의사가 맡았어. 교재는 일본어 교과서를 썼어. 일본인 의사는 한국말을 몰랐고, 한국인 학생들은 일본어에 서툴러서 교사의 강의를 통역관이 일일이 전하면서 공부했어. 1902년에는 실습할 수 있는 부속 병원도 세워져서, 학생들이 4개월 동안의 실습을 마치고 드디어 졸업할 수 있었어. 1903년, 열아홉 명의 제1회 졸업생이 탄생했어. 우리나라에서도 서양 의학을 공부한 의사가 드디어 탄생한 거지.

종두법을 들여와 천연두의 위협에서 수많은 생명을 지켜낸 지석영 선생. 한글 교육 보급과 의학 교육에도 힘썼다.

"의학의 길은 멀고도 어렵지만, 사람의 생명을 살리는 일이 대단한 일이라는 건 정말 잘 알겠어. 그리고 오랜 도전 끝에 발전을 이루어 낸 의학의 역사가 정말 자랑스럽다는 것도 알겠고."

"우리 토토, 언제 이렇게 눈부시게 성장했지?"

슈바이처가 지그시 바라보았어.

"슈바이처, 나는 꼭 의사가 될 거야!"

슈바이처가 빙그레 미소 지었어.

"슈바이처처럼 훌륭한 의사?"

"응, 히포크라테스, 갈레노스, 베살리우스, 제너, 지석영 같은 의사! 반드시 좋은 의사가 되기 위해 열심히 공부할 거야."

슈바이처가 눈물을 글썽였어.

"토토, 우리와 함께한 이 여행이 네 삶에 큰 의미가 되길 바라."

토토는 슈바이처의 말에 힘주어 고개를 끄덕였어.

"우리 이제 작별할 시간이야."

슈바이처의 고양이를 어깨에 올린 슈바이처는 토토와 두 손을 마주 잡았어. 그리고 선물을 건넸어.

"지금까지 함께 다녔던 곳을 기념하는 냉장고 자석들이야. 의학 여행 여권도 줄게. 스탬프가 찍혀 있어."

토토는 두 손으로 선물을 받아들었어. 그러고는 잠시 뒤, 가방에서 뭔가를 부스럭거리며 꺼냈어.

"이건 내 사진이야. 슈바이처랑 슈바이처의 고양이가 나를 오래도록 기억해 주면 좋겠어."

"기억하고말고."

셋은 오래도록 포옹을 나누었어. 슈바이처와 슈바이처의 고양이는 곧 사라졌어. 한참 뒤, 혼자 남은 토토는 무작정 걸었어. 어디를 향해 걷고 있는 걸까? 뚜벅뚜벅. 그런 토토의 뒤에서 누군가가 등을 찰싹 때렸어.

"토토! 너 대기실에 있으랬더니 왜 여기 나와 있어."

토토는 뒤를 돌아봤어.

"엄마!"

토토는 엄마한테 와락 안겼어. 얼마나 그리웠다고요! 엄마는 어리둥절한 표정으로 토토를 안아 줬어.

"진료 접수를 하고 있는 사이 네가 사라져서 한참을 찾았어. 콧물 흘쩍이며 기침도 심하게 해서 얼마나 걱정했다고. 화장실도 가 봤다가 다른 데가 있나 싶어서 병원 구석구석을 뒤졌는데, 공기가 답답했어? 혼자 산책하고 있었구나."

토토는 멍한 얼굴로 한참을 있었어. 엄마가 자리를 비우자 헐레벌떡 가방을 열어 보았지. 가방 안에는 항상 넣고 다니던 사진은 없고 냉장고 자석들과 작은 여권이 들어 있었어. 토토는 혼자 배시시 웃었어. 그러고는 속으로 인사했어.

'안녕, 슈바이처. 안녕, 슈바이처의 고양이. 정말 신나는 여행이었어. 너희들 잊지 않고, 늘 생각할게. 자주 그리울 거야.'

볕이 포근하고 따사로운 봄날이야.
"에취!"
병원 로비 앞에 재채기를 참아 가며 콧물 흘리는 한 소녀가 앉아 있어. 코끝이 루돌프처럼 빠알간 소녀. 소녀를 향해 어디선가 윙윙 소리를 내면서 스카프 같기도, 보자기 같기도, 청진기 같기도 한 무언가가 슝슝~ 날아가고 있네. 소녀도 의사가 되는 꿈을 품은 걸까? 어디선가 고양이 발소리도 들리네.

## 세상을 뒤흔든 질병 ⑤
# 인플루엔자

옛 어른들은 감기를 '고뿔'이라고 했는데, '코에 불이 난다'는 뜻이지. 감기는 코에 생기는 감염병인데, 증상으로는 콧물이나 재채기, 몸살 등이 나타나. 감기에 걸리는 이유는 바이러스 때문인데, 특별히 치료하지 않더라도 대부분 저절로 좋아져.

반면, 독감이란 '독한 감기'라는 뜻인데, 감기와는 아주 달라. 감기는 시간이 지나면 저절로 좋아지지만 독감은 그렇지 않거든. 물론 둘 다 바이러스 때문에 생기는 질병이지만, 바이러스의 종류가 서로 달라.

'독감'은 영어로 인플루엔자(influenza)라고 해. 인플루엔자는 '영향을 준다'라는 뜻의 라틴어 'influentia'에서 따왔어. '흘러가다'를 뜻하는 이 단어는 별의 흐름으로 세상을 읽었던 점성술 용어로 아주 옛날에 많이 쓰였는데, 인플루엔자의 유행 주기가 하늘에 있는 행성의 불길한 움직임에 영향 받아 생긴다고 믿었기 때문에 이런 이름을 붙인 거지.

인플루엔자에 걸리면, 열이 나고 머리가 심하게 아프기도 하고, 온몸이 뻐근하고 기운이 없어지는 등 감기와 비슷한 증상이 나타나기도 하지만, 일반 감기와는 원인 바이러스와 병의 경과가 달라서 확실히 구분해야 해.

해마다 겨울이 되면 세계 인구의 10~20%가 인플루엔자에 감염되는데, 면역이 약한 환자나 노인, 어린 아이는 인플루엔자에 걸리면 폐렴으로 사망할 위험이 높아. 우리나라에서는 보통 11월에서 그다음 해 4월까지 유행하며, 특히 12월과 1월에 환자가 많이 발생해. 평균적으로 매년 전체 인구의 5~10%가 걸리고, 그중 2000명 이상이 사망해. 인플루엔자에 걸린 환자 1000명당 1명꼴로 사망하는 셈이야. 그래서 인플루엔자는 인류 건강에 큰 위협이 돼.

인플루엔자 바이러스는 스스로를 계속 변형시키는 능력이 있어서 매년 유행하는 바이러스의 종류가 달라져. 인플루엔자는 해마다 발생하지만 유난히 사망자가 급격히 증가하는 경우가 생기는 것도 그래서야. 이것을 인플루엔자 대유행이라고 해.

대유행은 새로운 변이 바이러스가 급속히 퍼졌을 때 일어나는데, 보통 철새와 같은 야생 조류에 있던 인플루엔자 바이러스가 사람에게 있던 바이러스와 만날 때 발생해. 이

때 새로운 바이러스가 생기는 거지. 이걸 변이라고 해. 대부분 사람들은 새 바이러스에 대한 면역이 없기 때문에, 일단 감염되면 심각한 병으로 진행될 가능성이 높은 거지. 이럴 때는 겨울이 아닌 여름에 인플루엔자가 유행하기도 해.

또 보통 인플루엔자는 주로 노인에게 위험하지만 대유행 때는 젊은 사람에게도 위험해. 전체적으로 사망률도 높아지지. 동물과 사람을 오가며 감염시키는 바이러스가 특히 위험해. 한번 동물에서 살다온 바이러스는 유전적인 변이를 크게 일으키니 말이야.

지금까지 인플루엔자는 10~40년을 주기로 대유행을 일으켰어. 지난 20세기만 해도 1918년, 1957년, 1968년, 1977년 네 번의 인플루엔자 대유행이 있었어. 특히 1918년 여름 세계적으로 유행했던 인플루엔자는 너무나 참혹했어. 스페인에서 환자가 많이 생겨서 스페인 독감이라고도 한다지만 사실 그렇지는 않아. 당시 인플루엔자로 2000만 명 이상이 사망했는데, 이것은 당시 제1차 세계대전으로 사망한 수보다 훨씬 많은 수치야. 인플루엔자가 전쟁보다 더 큰 재앙일 될 수 있다는 것을 보여 준 거지. 당시 우리나라도 예외는 아니어서 14만 명이 목숨을 잃었어. 인플루엔자 바이러스는 매년 조금씩 변하기 때문에 이에 맞추어 해마다 새로운 백신을 만들어 꼬박꼬박 맞아야 해. 인플루엔자 바이러스는 A, B, C형으로 구분되는데 주로 A형과 B형이 사람에게 인플루엔자를 일으키고, C형은 드물고 걸리더라도 증상이 가벼운 편이어서 백신은 주로 A형과 B형 바이러스를 공격하도록 만들지.

다행스러운 사실은 인플루엔자에 대한 치료약이 있다는 거야. 백신도 있고, 치료약도 있어서 예전보다는 조금 안심이 되지만, 인플루엔자는 변이 능력이 있어서 여전히 위협적인 전염병이야.

## 세상을 뒤흔든 질병 ⑥
# 코로나19

"전염병의 시대는 갔다."

1969년 미국 공중위생국에서는 이렇게 공식적으로 발표했어. 항생제의 발전으로 전염병은 이제 완전히 치료할 수 있다는 자신감이 깔려 있는 당당한 표현이었지. 그뿐만이 아니야. 1980년에는 세계보건기구(WHO)가 "지구촌에서 천연두가 사라졌다."고 공식 선언하면서 '백신을 이용한 예방 의학이 거머쥔 위대한 승리'였다고 스스로 뿌듯해하는 입장이었지.

인류는 드디어 전염병과의 싸움에서 이기고 말 것이라는 장밋빛 꿈에 젖어들었어. 하지만 그 꿈이 오만에서 비롯된 환상이었다는 것을 깨닫는 데에는 그리 오랜 시간이 걸리지 않았어.

1980년대에는 에이즈(AIDS)라는 새로운 전염병이 모습을 드러냈어. 에볼라 출혈열, 홍콩 조류독감, 광우병, 사스(SARS), 메르스(MERS) 등 새로운 전염병이 잇달아 등장했어. 2020년 인류가 겪은 코로나19는 이제 새로운 감염병이 언제든지 세계적으로 순식간에 퍼질 수 있다는 사실을 다시금 확인시켜 주었지.

코로나19는 2019년 12월 중국 후베이성 우한에서 처음 발견된 코로나바이러스 변종이야. 그래서 처음에는 신종 코로나바이러스라고 불렸는데, 2020년 2월 12일 세계보건기구(WHO)에서 공식 명칭을 COVID-19로 정했고, 우리나라에서는 한글 표기를 코로나바이러스-19(약칭 코로나19)로 하기로 했지.

코로나바이러스는 감기 등 호흡기 질환을 유발하는 RNA 바이러스야. 바이러스(virus)라는 말은 라틴어로 독(venome)이라는 말에서 나왔어. 처음에 발견될 때 병을 일으키기는 하는데, 세균은 여과지에서 걸러지는데 반해 여과로 제거할 수 없는 독성 물질처럼 병을 일으킨다는 의미로 그런 이름이 붙었어.

하지만 나중에 전자 현미경을 통해 바이러스가 입자라는 것이 밝혀졌지. 여기서 잠깐! 바이러스 말고도 인간에게 감염병을 일으키는 것이 있었지? 그래, 바로 세균이야. 이미 앞에서 간단히 살폈지만, 다시 한 번 정리해 보자.

세균은 단세포 생물이어서 독립적으로 생존이 가능하지만, 바이러스는 그럴 수 없어. 혼자서는 살 수 없고, 반드시 살아 있는 세포 안에 들어가서만 생존이 가능해.

바이러스는 안쪽에 핵산이 있고, 그것을 단백질이 둘러싸고 있는 구조로 이루어져 있어. 단백질은 바이러스의 껍질인 셈이야. 그래서 외피라고도 해. 바이러스는 핵산의 종류에 따라 DNA바이러스와 RNA바이러스 두 종류가 있는데, 코로나바이러스는 RNA바이러스야. 단백질 껍질이 왕관 모양이라서 왕관을 의미하는 영어 코로나(Corona)라는 단어를 썼어. 그래서 코로나바이러스라는 이름이 붙었지.

코로나바이러스는 여러 종류가 있는데, 종류에 따라서 포유동물과 조류에게 감염을 일으켜. 그래서 바이러스가 사람끼리 전염될 뿐만 아니라 야생동물과 사람을 번갈아 가면서 감염시키기도 해. 지난 2002~2003년에 세계적으로 잠깐 유행했던 사스도 사스 코로나바이러스(SARS-CoV) 때문이었어. 코로나바이러스는 약자로 Co-V라고 해. 코로나19도 정식 명칭은 SARS-CoV-2야. 두 번째로 발견된 사스 코로나바이러스라는 의미지. 그러니까 과거에 유행했던 사스 감염병과 같은 종류인 셈이야. 2012년에 유행했던 메르스도 같은 코로나 바이러스 MERS-CoV에 의한 전염병이었어.

질병은 단순히 건강을 위협하는 것에 그치지 않고, 우리의 삶을 바꾸고 인류 문명의 변화와 발전에 큰 영향을 끼쳐. 질병이 인류 문명을 바꾼다는 사실을 책으로만 이해해 왔다면, 지금 우리는 코로나19의 대유행으로 인한 세계적인 변화를 피부로 느끼고 있지. 코로나19는 우리 삶의 풍경을 바꾸었어. 국경이 봉쇄되고, 항공편이 끊기고 여행을 다닐 수 없게 되었지. 코로나19가 장기화되면서 전 세계적으로 기업들의 매출이 급감하고 실업대란이 일어났으며, 경제적으로 파산하는 사람들도 생겨났지. 그동안 책에서 만나던 대유행의 참상을 우리가 지금 직접 겪고 있는 중이야.

인류를 공포에 빠뜨린 질병은 많아. 우리는 질병과 함께 죽고, 함께 살아왔어. 지금껏 잘 이겨내며 꾸준히 의학을 발전시켜 왔지만, 우리 앞에는 언제나 새로운 질병이 꾸준히 나타날 거야. 우리는 계속 치열하게 극복하며 나아갈 거고.

# 가볍게 살피는 의학 역사 연표

연구자의 관점에 따라 일부 연도에 대해 서로 다른 해석이 있을 수 있습니다.

| 기원전 | |
|---|---|
| 1600년 경 | 이집트 에드윈 스미스 파피루스 탄생 |
| 1550년 경 | 이집트 에버스 파피루스 탄생 |
| 460년 경 | 그리스 히포크라테스 탄생 |
| 200년 경 | 중국 《황제내경》 완성 |

| 기원후 | |
|---|---|
| 158년 | 페르가몬의 갈레노스, 검투사들의 외과의가 됨 |
| 9~12세기 | 번역된 문헌을 통해 아랍 세계의 약초학이 서양으로 전파됨 |
| 1050년 | 이탈리아 살레르노 의과 대학 번성 |
| 1222년 | 이탈리아 파도바대학 설립 |
| 13세기 후반 | 볼로냐대학에 의학 과정 도입 |
| 1345년 | 런던에 최초로 약국이 생김 |
| 1346~47년 | 유럽 흑사병 창궐 |
| 1496~1500년 | 유럽 매독 유행 |
| 1510년 | 유럽 독감 대유행 |
| 1527년 | 파라셀수스, 갈레노스의 전통 의학에 문제 제기 |
| 1537년 | 파레, 끓는 기름 사용 피함 |
| 1543년 | 베살리우스, 《인체의 구조에 대하여》 출간 |
| 1547년 | 런던 베들레헴 성모 병원 설립 |
| 1550년 | 해부 극장 설립 |
| 1616년 | 윌리엄 하비, 혈액 순환 발견 |
| 1609년 | 상크토리우스, 체온계 발명 |
| 1628년 | 윌리엄 하비, 《동물의 심장과 혈액의 운동에 관한 해부학적 연구》 집필 |
| 1726년 | 에든버러에서 최초로 대학에 산부인과 개설 |
| 1757년 | 윌리엄 배티, 《광기에 관한 소고》 발표 |
| 1761년 | 모르가니, 《해부에 의해 검색된 질병의 위치와 원인에 관하여》 출간 |
| 1763년 | 린네, 질병의 분류 체계 정립 |
| 1790년 | 필리프 피넬, 파리에서 정신 질환자 개방 치료 시작 |
| 1793년 | 도미니크 장 라리, 앰뷸런스 도입 |
| 1796년 | 제너, 천연두 환자들에게 백신 접종 시작 |
| 1801년 | 비샤, 《일반 해부학》 저술 |
| 1809년 | 이프리엄 맥도웰, 최초의 개복 수술 시행 |
| 1810년 | 벤저민 러시, 미국 최초의 정신 의학 교과서 저술 |
| 1816년 | 라에네크, 청진기 발명 |
| 1842년 | 크로퍼드 롱, 수술 중 최초로 마취 시행 |
| 1846~47년 | 흡입 마취법 시작 |
| 1847년 | 매사추세츠에 지적 장애인을 위한 최초의 학교 설립 |
| 1849년 | 이그나츠 제멜바이스, 무균법 원칙 제창 |
| 1851년 | 헤르만 헬름홀츠, 검안경 발명 |
| 1858년 | 루돌프 피르호, 《세포 병리학》 저술 |
| 1854년 | 니콜라이 피로고프, 《임상 외과학》 발표 |
| 1861년 | 루이 파스퇴르, 부패 유발균 증명 |
| 1864년 | 국제적십자단 설립 |
| 1868년 | 카를 분더리히, 《질병에서 체온에 대하여》 저술 |
| 1863년 | 조지프 리스터, 소독제를 사용한 최초의 수술 시행 |
| 1864년 | 독일정신의학협회 설립 |
| 1870년대 | 장 마르탱 샤르코, 살페트리에르에서 히스테리 연구 |
| 1877년 | 최초의 방광경 개발 |

| | | | |
|---|---|---|---|
| 1882년 | 로베르트 코흐, 결핵균 발견 | 1938년 | 빌럼 콜프, 최초의 신장 투석 기계 발명 |
| 1881년 | 테오도르 빌로트, 최초의 위 절제술 성공 | 1940년대 | 상처 감염의 치료 위해 페니실린 사용 |
| 1880년대 | 정신 질환 치료에 최면 사용 | 1943년 | 셀먼 왁스먼, 결핵 치료제 스트렙토마이신 개발 |
| 1897년 | 로널드 로스, 말라리아 일으키는 기생충 발견 | 1948년 | 세계보건기구(WHO) 설립 |
| 1899년 | 바이엘에 의해 시장에 아스피린 소개 | 1950년대 | 정신 분열증과 우울증 치료 위해 향정신성 약물 사용 |
| 1895년 | 빌헬름 뢴트겐, 엑스선 발견 | 1951년 | 그레고리 핀커스, 경구 피임약 개발 |
| 1890년대 | 바이러스 발견 | | 최초의 대동맥류 절제술 시행 |
| 1895년 | 지그문트 프로이트, 히스테리성 신경증 이론 정립 | 1953년 | 윌킨스와 왓슨, 크릭이 DNA 구조 규명 |
| 1901년 | 주요 혈액형의 발견으로 수혈 가능 | | 개심 수술을 위해 심폐순환기 사용 |
| | 에밀 크레펠린, 《임상 정신과학》 저술 | 1954년 | 최초의 신장 이식 |
| 1903년 | 향정신성의약품 바이튜레이트 개발 | 1955년 | 조너스 소크, 소아마비 예방 주사 개발 |
| | 빌럼 에인트호번, 심전도 검사 개발 | 1963년 | 홍역 예방 접종 도입 |
| 1900년대 초반 | 마리 스톱스, 영국에서 최초 산아 제한 클리닉 개설 | 1967년 | 데임 시슬리 손더스, 임종 앞둔 환자를 위한 호스피스 운동 제창 |
| 1910년 | 파울 에를리히, 매독 치료제 살바르산 발견 | 1967년 | 크리스티안 바너드, 최초의 심장 이식 시행 |
| 1911년 | 오이겐 블로일러, 조기 치매 대신 정신 분열증 용어 사용 제안 | 1970년대 | CT 개발 |
| 1917년 | 비타민 B 분리 | 1978년 | 최초의 시험관 아기 출생 |
| 1918~20년 | 독감 대유행. 1500만 명 사망 | 1980년대 | MRI 개발 |
| 1921년 | 프레더릭 밴팅과 찰스 베스트, 인슐린 발견 | 1981년 | AIDS 최초 임상 진단, 최초의 인공 심장 이식 |
| 1924년 | 레옹 칼메트, 어린이에게 BCG 접종 실시하며 결핵 예방 시작 | 1986년 | 키홀 수술 개발 |
| 1929년 | 알렉산더 플레밍, 페니실린 발견 | 1987년 | 항우울제 '프로작' 미국식품의약국(FDA) 사용 승인 취득 |
| 1932년 | 말라리아 치료제인 아테브린 발견 | 1996년 | 복제 양 돌리 탄생, 심장병 치료약 개발 |
| 1935년 | 설파제 발견 | 1998년 | RNA 간섭 개발 |
| | 에가스 모니츠, 최초의 전두엽 절제술 시행 | | |

## 자료 도움

이 책에 사용된 사진은 해당 사진을 소장하고 있는 곳과 저작권자의 허락을 받아 게재하였습니다. 자료의 출처를 밝히기 위해 최선을 다하였으나, 저작권자를 찾지 못하여 허락을 받지 못한 사진에 대해서는 확인되는 대로 허락을 받도록 하겠습니다.

### 사진

**16p 에버스 파피루스**
PEbers_c41.jpg: Einsamer Schützederivative work: Photohound, CC BY-SA 3.0 <https://creativecommons.org/licenses/by-sa/3.0>, via Wikimedia Commons

**19p 아스클레피오스 대리석 상**
아테네 국립고고학박물관 소장
original file by Michael F. Mehnert, CC BY-SA 3.0 <https://creativecommons.org/licenses/by-sa/3.0>, via Wikimedia Commons

**22p 황제내경과 황제**
Unknown author, Public domain, via Wikimedia Commons

**26p 히포크라테스와 선서문**
Public domain, via Wikimedia Commons

**27p 코스섬**
Heiko Gorski (Moonshadow), Public domain, via Wikimedia Commons

**28p 히포크라테스의 나무**
Heiko Gorski (Moonshadow), CC BY-SA 3.0 <http://creativecommons.org/licenses/by-sa/3.0/>, via Wikimedia Commons

**32p 알렉산드리아 도서관**
O. Von Corven, Public domain, via Wikimedia Commons

**33p 갈레노스의 책**
City Library of Arezzo, Public domain, via Wikimedia Commons

**35p 갈레노스**
Pierre-Roch Vigneron, Public domain, via Wikimedia Commons

**38p 수도원**
Public domain, via Wikimedia Commons

**40p 흑사병 의사 복장**
I. Columbina, ad vivum delineavit. Paulus Fürst Excud<i>t., Public domain, via Wikimedia Commons

**41p 페스트 표지**
Gallimard, Public domain, via Wikimedia Commons

**44p 볼로냐 대학**
Gaspa, CC BY 2.0 <https://creativecommons.org/licenses/by/2.0/>, via Wikimedia Commons

**48p 베살리우스 초상**
Attributed to Jan van Calcar, Public domain, via Wikimedia Commons

**48p <인체의 구조에 대하여> 책 표지**
Public domain, via Wikimedia Commons

**48p <인체의 구조에 대하여> 책 본문**
Public domain, via Wikimedia Commons

**51p 렘브란트의 그림**
Rembrandt, Public domain, via Wikimedia Commons

**54p 하비**
Attributed to Daniël Mijtens, Public domain, via Wikimedia Commons

**55p 하비의 순환**
Unknown author, Public domain, via Wikimedia Commons

**58p 윌리엄 보몬트**
Tom Jones, Public domain, via Wikimedia Commons

**60p 모르가니의 책**
Unknown author, Public domain, via Wikimedia Commons

**63p 레이우엔훅**
Jan Verkolje(1650~1693), Public domain, via Wikimedia Commons

**63p 도안**
Henry Baker (naturalist), Public domain, via Wikimedia Commons

**63p 현미경**
Wammes Waggel, Public domain, via Wikimedia Commons

**66p 파스퇴르**
Paul Nadar, Public domain, via Wikimedia Commons

**68p 파스퇴르**
Unknown author, Public domain, via Wikimedia Commons

**71p 코흐**
Unknown author, Public domain, via Wikimedia Commons
DoctorJoeE, CC BY-SA 4.0 <https://creativecommons.org/licenses/by-sa/4.0>, via Wikimedia Commons

**72p 존 스노**
Public domain, via Wikimedia Commons

**77p 엑스선 손 사진**
Wilhelm Röntgen; current version created by Old Moonraker., Public domain, via Wikimedia Commons

**77p 뢴트겐**
See page for author, Public domain, via Wikimedia Commons

**78p 뢴트겐**
UnknownLife, February 1986, Public domain, via Wikimedia Commons

**79p 진단 라디오그라피**
Thomas Bjørkan, CC BY-SA 3.0 <https://creativecommons.org/licenses/by-sa/3.0>, via Wikimedia Commons

**79p 청진기**
HujiStat, Public domain, via Wikimedia Commons

80p 체온계
Menchi, CC BY-SA 3.0 <http://creativecommons.org/licenses/by-sa/3.0/>, via Wikimedia Commons

80p 소변 차트
National Library of Wales, CC0, via Wikimedia Commons

80p 소변 검사
Cpl. Daniel Wulz, Public domain, via Wikimedia Commons

82p 청진기 설계
See page for author, CC BY 4.0 <https://creativecommons.org/licenses/by/4.0>, via Wikimedia Commons

82p 라에네크
Unknown author, Public domain, via Wikimedia Commons

82p 진찰 풍경
See page for author, CC BY 4.0 <https://creativecommons.org/licenses/by/4.0>, via Wikimedia Commons

83p 주사기
No machine-readable author provided. Biggishben~commonswiki assumed (based on copyright claims)., CC BY-SA 3.0 <http://creativecommons.org/licenses/by-sa/3.0/>, via Wikimedia Commons

86p 파라셀수스
After Pieter Soutman, Public domain, via Wikimedia Commons

86p 연금술사의 방
Hans Vredeman de Vries, Public domain, via Wikimedia Commons

88p 플레밍
Calibuon at English Wikibooks, cropped by User:AlanM1, CC0, via Wikimedia Commons

88p 페니실린
Unknown author, Public domain, via Wikimedia Commons

92p 제너
Sir Thomas Lawrence (1769~1830), Public domain, via Wikimedia Commons

93p 종두법 만화
James Gillray, Public domain, via Wikimedia Commons

94p 개두술
Rama, CC BY-SA 3.0 FR <https://creativecommons.org/licenses/by-sa/3.0/fr/deed.en>, via Wikimedia Commons

96p 수술 도구
Anagoria, CC BY 3.0 <https://creativecommons.org/licenses/by/3.0/>, via Wikimedia Commons

97p 파레
William Holl, Public domain, via Wikimedia Commons

99p 에테르의 날
Robert C. Hinckley, Public domain, via Wikimedia Commons

100p 제멜바이스
See page for author, CC BY 4.0 <https://creativecommons.org/licenses/by/4.0>, via Wikimedia Commons

100p 제멜바이스 기념동상
4028mdk09, CC BY-SA 3.0 <https://creativecommons.org/licenses/by-sa/3.0>, via Wikimedia Commons

101p 리스터
Unknown author, Public domain, via Wikimedia Commons

103p 수술용 장갑
Werneuchen, Public domain, via Wikimedia Commons

103p 폴 베르제
Evert Louis van Muyden (1853~1922), Public domain, via Wikimedia Commons

104p 결핵 포스터
Rensselaer County Tuberculosis Association., Public domain, via Wikimedia Commons

105p 셀먼 왁스먼
Selman_Waksman_NYWTS.jpg: New York World-Telegram and the Sun staff photographer: Higgins, Roger, photographer.derivative work: Materialscientist, Public domain, via Wikimedia Commons

109p 정신 질환 환자
Franz Anton Maulbertsch, Public domain, via Wikimedia Commons

110p 살페트리에르 사진
Vaughan at English Wikipedia, Public domain, via Wikimedia Commons

111p 필리프 피넬
Julien-Léopold Boilly, Public domain, via Wikimedia Commons

114p 프로이트
Max Halberstadt, Public domain, via Wikimedia Commons

114p 프로이트와 동료들
Unknown author, Public domain, via Wikimedia Commons

115p 꿈의 해석
Sigmund Freud, Public domain, via Wikimedia Commons
See page for author, Public domain, via Wikimedia Commons

118p 루돌프 피르호
Unknown author, Public domain, via Wikimedia Commons

125p 호러스 알렌
한국콘텐츠진흥원

127p 제중원
Thinkinglex, Public domain, via Wikimedia Commons

128p 제생의원
한국학중앙연구원

130p 지석영
한국학중앙연구원

130p 지석영 동상
한국학중앙연구원

### 참고 도서

교양으로 읽는 우리 몸 사전, 최현석 지음, 서해문집, 2017

의학의 역사, 재컬린 더핀, 신좌섭 옮김, 사이언스북스, 2006

처음 읽는 이야기 의학사, 이언 도슨 지음, 황상익·김수연 옮김, 아이세움, 2008

호열자, 조선을 습격하다, 신동원 지음, 역사비평사, 2004

역사·인물·과학 모든 것이 담긴 의학 이야기

# 어린이를 위한
# 명랑한 세계 의학 여행

초판 1쇄 2021년 5월 15일 | 초판 2쇄 2021년 10월 5일 | 글 최현석 | 그림 조승연
기획·편집 정혜원 | 디자인 권석연 | 마케팅 강백산, 강지연
펴낸이 이재일 | 펴낸곳 토토북 04034 서울시 마포구 양화로11길 18, 3층 (서교동, 원오빌딩)
전화 02-332-6255 | 팩스 02-332-6286 | 홈페이지 www.totobook.com | 전자우편 totobooks@hanmail.net
출판등록 2002년 5월 30일 제10-2394호 | ISBN 978-89-6496-438-5 73510

ⓒ 최현석, 조승연 2021

이 책은 저작권법에 의해 보호를 받는 저작물이므로 무단 전재 및 무단 복제를 금합니다.
잘못된 책은 바꾸어 드립니다.

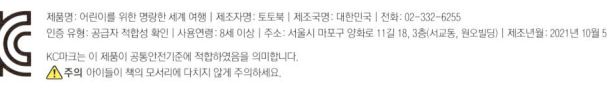